Verlassene Orte   Abandoned Berlin

Flugzeughallen Karlshorst

Ciarán Fahey

VERLASSENE ORTE | ABANDONED

BERLIN

Ruinen der Moderne in Berlin und Umgebung
Modern ruins in and around Berlin

Band 2
Volume 2

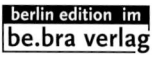
berlin edition im
be.bra verlag

Bibliografische Information der Deutschen Nationalbibliothek
Die Deutsche Nationalbibliothek verzeichnet diese Publikation
in der Deutschen Nationalbibliografie; detaillierte bibliografische
Daten sind im Internet über http://dnb.d-nb.de abrufbar.

© berlin edition im be.bra verlag GmbH
Berlin-Brandenburg, 2020
KulturBrauerei Haus 2
Schönhauser Allee 37, 10435 Berlin
post@bebraverlag.de
Übersetzung und Lektorat: Marijke Leege-Topp, Berlin, und Matthias Zimmermann, Berlin
Umschlag: Ansichtssache, Berlin
Satz: typegerecht berlin
Schrift: DTL Argo 9/12 pt
Druck und Bindung: Graspo, Zlín
ISBN 978-3-8148-0251-0

www.bebraverlag.de

Inhaltsverzeichnis | Contents

Fürstenberg

Vorwort

Die Vergangenheit ist schnell vergessen, aber die Ruinen zwingen uns zum Nachdenken. In gewisser Weise kann Berlin dankbar sein, dass seine Umgebung noch voll von Ruinen ist, wenn es auch nicht mehr so viele wie früher sind. Ihre Bedeutung wächst stetig, denn die meisten Menschen neigen zum Vergessen. Geschichte aber läutert. Verlassene Fabriken, Flugplätze, Villen, Krankenhäuser, Militärlager, Schwimmbäder und sogar Atomkraftwerke erinnern uns daran, dass Erwartungen tückisch sind und auch die besten Pläne scheitern können. Sie zwingen uns dazu, die Dinge zu überdenken. Das ist keine kleine Sache.

Jeder dieser ausrangierten Orte wurde einst geschätzt von Menschen, die ihr Herz und ihre Seele daran hängten. Ist ihre Mühe vergebens gewesen, wenn wir heute etwas daraus lernen? Jeder leere Raum erzählt eine Geschichte, jedes staubige Fensterbrett, jede gebrochene Treppenstufe, jede flatternde Gardine, jede Glasscherbe und jede umgefallene Teetasse auf dem Boden erinnert uns an unsere Verantwortung. Es hätte unser Zuhause gewesen sein können! Unser Arbeitsplatz! Unser geliebtes Unternehmen!

Meist sind es tragische Geschichten. Normalerweise wird ein Gebäude nicht einfach so verlassen – weggeworfen wie eine Zigarettenkippe, ausgetreten und vergessen. Es sind Geschichten von Nachlässigkeit und Verfall. Schicksale von Missgeschicken, Fehleinschätzungen oder reinem Pech. Diese Geschichten werden von den Spuren erzählt, die sie hinterlassen haben. Und von den Geistern, die an dem Ort geblieben sind. Sie verzehren sich danach, dass ihre Geschichten erzählt werden, dass man sich an ihre Errungenschaften erinnert und die Ungerechtigkeit, die ihnen widerfahren ist, missbilligt wird.

Aber ihr Rufen wird schwächer, je rasanter die Zeiten sich ändern und alles desinfiziert, alles übertüncht und die Vergangenheit weggewaschen wird. Es ist unsere Aufgabe, aufmerksam zuzuhören, uns an diese Geschichten zu erinnern und gegen die Ungerechtigkeit zu kämpfen, die diesen Orten widerfahren ist, damit nicht noch mehr von ihnen den gleichen Mächten zum Opfer fallen. Wir können nur versuchen, uns an die Erinnerungen anderer zu erinnern.

Ciarán Fahey
Februar 2020

Foreword

The past is forgotten so quickly, but the ruins force us to reflect. Thankfully, in a way, Berlin and its surroundings are still full of ruins, albeit not as many as before. Too many people around us would forget, their ranks seem to be growing, and history has a chastening effect. Abandoned factories, airfields, villas, hospitals, military camps, swimming pools and even nuclear power plants remind us of the pitfalls of expectation, of the fallibility of the best-laid plans. They force us to consider. It's no small feat.

Each of these discarded premises or endeavors was cherished once, held aloft by someone or more who put their hearts and souls into them. Are their efforts still wasted if there are lessons learned today? For every empty room tells a story, every dusty windowsill, every broken staircase, every fluttering curtain, every shard of glass or overturned teacup on the floor reminds us of our responsibilities. It could have been our home! Our place of work! Our beloved enterprise!

Generally they are tragic tales – it's not normal for a building simply to be abandoned, discarded like a cigarette butt, stamped on and forgotten. Stories of neglect and decay. Stories of mishap, miscalculation and sheer misfortune, they're told by the clues they leave behind. The spirits, too, the ones that stayed. They're dying for their tales to be told, achievements remembered, for the injustices they suffered to be condemned.

But their call is growing weaker as giddy development takes hold, sanitizing and whitewashing, cleansing the past away. It's our duty to listen carefully, to remember their stories, to keep fighting their injustices so more don't fall victim to the same forces. We can only try. This is another attempt to remember others' memories.

Ciarán Fahey
February 2020

Bade- und Freizeitzentrum Blub

Ein blubberndes Durcheinander

A blubbering mess

In Neukölln vegetiert ein verlorenes Paradies vor sich hin – erobert von Ratten und zerstört von Jugendgangs. Doch nun ist es einer noch größeren Bedrohung ausgesetzt: Münchener Investoren. Die Ratten und die Jugendlichen waren zumindest bereit zu teilen.

Das Bade- und Freizeitzentrum Blub wurde am 1. Februar 2005 geschlossen, die Saunalandschaft »Al Andalus« hielt noch tapfer durch, bis auch sie 2012 von der Flut davongespült wurde. Für die Ratten war das ein Sieg, denn plötzlich hatten sie die ganzen 40.000 Quadratmeter für sich alleine.

Das Blub, kurz für »Berliner Luft- und Badeparadies«, wurde erstmals 1985 in Britz neben dem Teltow-Kanal eröffnet und hatte 44 Millionen Mark gekostet. Mit seiner Eröffnung wurde es für drei Saisons Sponsor des Bundesligisten Hertha Berlin.

Das nasse Paradies wurde schnell zu einem der beliebtesten Schwimmbäder West-Berlins. Anfänglich vor allem für Menschen. Rund 600.000 Besucher sollen sich hier jährlich in den zahlreichen Innen- und Außenbecken, im Solebecken und bei vielem mehr vergnügt haben. Es gab Hot-Whirl-Pools und

A lost paradise lingers in Neukölln, taken over by rats, ruined by gangs of youths, and now facing its biggest threat to date – Munich-based investors. At least the rats and the youths had been willing to share.

Blub swimming and leisure center closed down on Feb. 1, 2005, with the "Al Andalus" sauna facilities persevering bravely before succumbing to the tide in 2012. It was a victory for the rats – suddenly they had the whole 40,000 square meters to themselves.

Blub, short for Berliner Luft- und Badeparadies (Berlin Air and Bathing Paradise), first opened in Britz beside the Teltow Canal at a cost of 44 million Deutschmark in February 1985. It started with a splash by sponsoring Bundesliga side Hertha Berlin for three seasons.

The "bathing paradise" quickly became one of West Berlin's most popular swimming pool centers. Among humans, initially. Apparently some 600,000 used to come here every year to enjoy the various indoor and outdoor pools, saltwater or otherwise.

No-Whirl-Pools, Geysire und Fontänen, Wasserrutschen, darunter auch die 120 Meter lange »Große Rutsche«, und einen Wildwasserkanal, einen Saunagarten, einen Wasserspielplatz für Kinder und einen normalen Garten für Sonnenanbeter. Auch ein Fitnesscenter gehörte dazu. Für alle, die das noch nicht verrückt genug fanden, kam später noch die Rutschbahn »Crazy River« dazu.

Gut möglich, dass der Mauerfall die Schuld am Niedergang trägt, falls die Berliner Mauer tatsächlich die natürliche Wanderung der Neuköllner in andere Schwimmbäder verhindert hat, so wie ein Damm Lachse daran hindert, in ihre Heimatflüsse zurückzukehren. Fakt ist: In den Jahren nach der deutschen Wiedervereinigung gingen die Besucherzahlen zurück. Und die Ratten sahen ihre Zeit gekommen. Am 9. Dezember 2002, einem Montag, um 15:40 Uhr wurde das Blub mit sofortiger Wirkung geschlossen. Rattenkot am Babybecken, schwimmende Ratten in den Außenbecken und Rattendreck und Vogelkacke in der Kantine waren für das Gesundheitsamt Grund genug einzuschreiten, so der »Tagesspiegel«.

There were hot-whirl-pools and no-whirl-pools, geysers and fountains, waterslides including one 120-meter "Great Slide" and a whitewater canal, a sauna garden, water playground for kids and a regular garden for sun worshippers. There was also a fitness center. And in case things weren't crazy enough already, a "Crazy River" was added later.

I'm not sure if Mauerfall was to blame, if the Berlin Wall had been blocking Neuköllners' natural migration to other pools like a dam stopping salmon returning to home rivers, but visitor numbers dropped in the years after German reunification. That's when the rats first saw their chance.

Monday, December 9, 2002 – at 3.40pm – Blub was closed down with immediate effect. Rat shit at the baby pool, rats swimming in the outdoor pools, and rat crap and fresh bird shit in the canteen were reason enough for the local health authorities to step in, according to Der Tagesspiegel.

Blub boss Harald Frisch said the rat infestation wasn't down to any lack of hygiene. He blamed the proximity of the canal. The damn thing must have moved. He took steps to get

Der Leiter des Blub, Harald Frisch, sagte, der Rattenbefall habe nichts mit mangelnder Hygiene zu tun. Schuld sei der nahe gelegene Teltow-Kanal. Das blöde Ding musste sich verschoben haben. Er versuchte daraufhin, die ungebetenen Besucher mit Fallen und Ähnlichem loszuwerden. Ein Kammerjäger kam alle paar Wochen vorbei, um den Ort zu inspizieren – Ratten-Security.

Doch es hatte schon zuvor Probleme gegeben – bereits 2000 waren Teile des Blub von der Stadt geschlossen worden. Die Hygiene in der Sauna, den Whirl-Pools und der Küche war mangelhaft, die Umkleidekabinen schmuddelig. Jugendgangs hatten sich breitgemacht und vergraulten andere Besucher – aber nicht die Ratten. Eigens engagierte Security sollte sich um sie kümmern.

Natürlich ist nichts von alledem gut fürs Geschäft. Bis 2002 halbierten sich die Besucherzahlen. Die Schließung durch die Senatsverwaltung war vermutlich der Todesstoß.

Das Blub öffnete zwar eine Woche später wieder seine Tore, doch es erholte sich nicht mehr. Nachts wurde ein

rid of the uninvited visitors with traps and so on. A pest control company was hired to monitor the place every couple of weeks – rat security.

But there had been problems before. The city council had already closed parts of Blub in 2000. Hygiene was an issue in the sauna, whirl-pools and kitchen, while changing rooms were dingy. The gangs of youths had already staked their claims and were putting off other visitors (but not the rats). Security was hired to deal with them.

None of this is good for business, of course. Visitor numbers had already halved by 2002. The city council's closure order was probably the fatal blow.

Blub reopened a week later, but never recovered. A wire mesh fence was put up at night to keep the rats out, but the real fence was the bad publicity that kept people away.

Blub declared bankruptcy the following year, when only 220,000 visitors came. Despite the declared lack of money, Frisch invested €4 million in renovating the sauna to an Andalusia-inspired sauna wonderland with a gemstone steam bath,

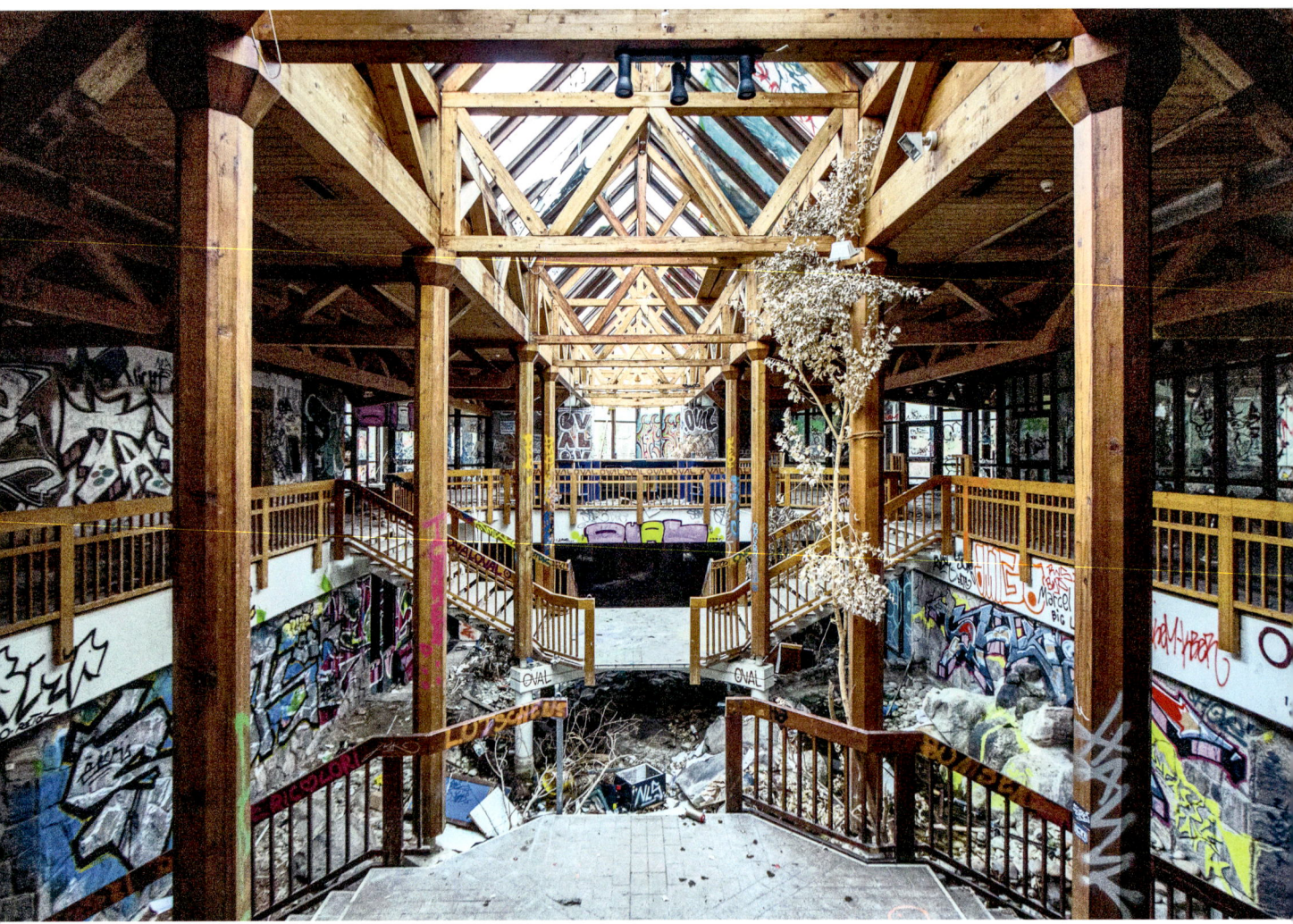

Maschendrahtzaun angebracht, der die Ratten davon abhalten sollte, hereinzukommen. Was die Besucher fernhielt, war die schlechte Presse. Im folgenden Jahr, als nur noch 220.000 Besucher kamen, meldete das Blub Insolvenz an. Trotz des angezeigten Geldmangels investierte Frisch vier Millionen in die Renovierung des von Andalusien inspirierten Sauna-Wunderlandes mit Edelstein-Dampfbad, Kräuter- und Vulkansauna und einem größeren Saunagarten. Ganz ehrlich: Ich weiß genauso wenig über Insolvenzverfahren wie über Saunas.

Das Blub dümpelte noch zwei Jahre vor sich hin, ehe sein Ende nicht mehr abzuwenden war. Niemand möchte in Rattenkacke schwimmen. Doch Frisch gab nicht kampflos auf. Er hielt die Sauna und das Fitnessstudio am Laufen und versuchte Investoren zu gewinnen, um die marode Anlage – mit anderer Ausrichtung – wiederzubeleben. Er wollte das Ganze in eine Art Kurbad und Wellness-Oase umwandeln – also solche Sachen, für die sich junge Gang-Anführer nicht interessieren – und hoffte, bis Anfang 2006 fünf Millionen zur Fertigstellung seines Vorhabens zusammenzukratzen.

herbal springs and volcanic sauna, as well as a bigger sauna garden. I won't pretend to know much about bankruptcy procedures, or saunas.

Blub plodded on another two years before finally succumbing to the inevitable and closing down for good. Nobody wants to swim in rat shit.

Frisch didn't give up without a fight. He kept the sauna and fitness areas open and tried to get investors on board to resuscitate the ailing complex, albeit with a different focus. He wanted to turn the whole thing into a sort of health spa and wellness oasis –the kind of thing young gang leaders wouldn't be interested in – and was hoping to drum up € 5 million to complete the work by early 2006.

"After 20 years of Blub we don't want to run a hotchpotch business anymore but to completely reposition ourselves," said Frisch, striving for an approach to match his name.

But the investment never came. "It hurts," said Harald Frisch in 2009, when only the "Al Andalus" sauna area remained open.

»Nach 20 Jahren Blub wollen wir kein Mischmasch-Betrieb mehr sein, wir möchten uns völlig neu aufstellen«, sagte Frisch, um ein Auftreten bemüht, das seinem Namen entsprach. Aber die Investition blieb aus. »Das tut weh«, sagte Frisch 2009, als nur noch die Al-Andalus-Saunalandschaft geöffnet war.

Der Projektentwickler Tobias Willmeroth kaufte das Gelände vom landeseigenen Liegenschaftsfonds Berlin und wollte es bis 2011 zu einer Ferienanlage für Familien umbauen. Doch auch aus seinen hochtrabenden Plänen wurde nichts. Eine Münchener Investorengruppe mit dem fantasievollen Namen »H-Group« übernahm das Gelände und plante den Abriss des Blub und 450 neue Luxusapartments. Der Bau des »Greenparks« sollte 2015 beginnen. Aber in Berlin werden ja Pläne wie Krankheitserreger behandelt, die um jeden Preis abgewehrt werden müssen.

Frisch prozessierte gegen die Investoren, die wiederum den Senat auf ihrer Seite hatten. 2018 wurden deren Pläne schließlich genehmigt. Schlechte Nachrichten für die Ratten, denn bald werden dort die Investoren herumschnüffeln.

Property developer Tobias Willmeroth bought the land from the state-owned Liegenschaftsfonds Berlin and planned on turning the site into a holiday resort for families by 2011. However, his high-falutin' plans also came to nothing.

A Munich investor group, the imaginatively named H-Group, took over with plans on knocking the whole place down and building 450 luxury apartments in its wake. Construction on "Greenpark" was due to start in 2015, but this is Berlin where plans are treated as pathogens to be warded off at all costs.

Frisch was involved in a dispute with the investors, who had the city on their side. The plans were finally given the go-ahead in 2018. Bad news for the rats, but then they're used to investors sniffing around.

Bethanienturm

Von Gott verlassen, von den Tauben adoptiert

Forsaken by God, adopted by pigeons

Die Menschen schenken der gottverlassenen Kirche in Weißensee nicht viel Aufmerksamkeit. So schnell sie können, brausen sie, die Augen auf die Straße gerichtet, auf allen Seiten an ihr vorbei, und tun so, als würden sie den imposanten Turm, der sich dort erhebt, nicht sehen. Die meisten müssen aber nicht einmal so tun. Sie nehmen den 65 Meter hohen Turm in der Mitte des geschäftigen Kreisverkehrs tatsächlich nicht wahr.

Der Turm ist das Einzige, was von der einst so prächtigen Bethanienkirche am Mirbachplatz noch übrig ist. Die Kirche wurde bei einem Bombenangriff der Amerikaner am 26. Februar 1945 zerstört. Fast 1.200 B-24 und B-17 der 8. US-Luftflotte warfen mehr als 2.750 Tonnen Bomben über der Stadt ab, fast die Hälfte davon Brandbomben. Viele starben und rund 80.000 Menschen wurden obdachlos.

Die Bethanienkirche hat sich davon nie wieder erholt. Zur Sicherheit wurde das Kirchenschiff zehn Jahre später abgerissen, stehen ließ man nur den Bethanienturm, der überlebt hatte. Aber dieser allein genügte den Kirchgängern nicht, sie

People don't pay much attention to the godforsaken church in Weißensee. They drive past on all sides as quick as they can, eyes on the road, pretending not to see the imposing tower looming over them from above. Most don't even need to pretend. They genuinely don't notice the 65-meter tower in the middle of the busy roundabout, all that's left of the once proud Bethanienkirche on Mirbachplatz.

The church was destroyed in an American bombing raid on Feb. 26, 1945. Almost 1,200 B-24s and B-17s of the Eighth Air Force dropped more than 2,750 tons of bombs, nearly half of them incendiary bombs, on the city. It left many dead and around 80,000 people homeless.

The Bethanienkirche never recovered. To make sure, the nave was definitively demolished 10 years later, leaving just the surviving tower, der Bethanienturm.

That wasn't enough for the churchgoers of the time. They went elsewhere, taking their beliefs and faiths with them. They left the tower for local atheist pigeons to move in. The pigeons can use it to fly to the heavens whenever they want.

gingen woanders hin und nahmen ihren Glauben und ihre Religion mit. Sie überließen den Turm den gottlosen Tauben. Diese können von dort aus zumindest in den Himmel fliegen, wann immer sie wollen.

Ernst von Mirbach, nach dem der Platz benannt ist, finanzierte den Bau der Kirche. Nachdem er Preußen in mehreren Kriegen gedient hatte und – wie zu erwarten – verwundet worden war, wurde er 1881 Kammerherr bei Prinz Wilhelm von Preußen und diente dessen Frau Auguste Victoria. Als aus Wilhelm Kaiser Wilhelm II. wurde, avancierte von Mirbach zum Oberhofmeister der neuen Kaiserin. Er stand ganz in ihren Diensten und kümmerte sich auch um ihre Wohltätigkeitsarbeit, wobei er sich sehr für den Evangelischen Kirchenbauverein engagierte. Er selbst wurde ganz verrückt danach, Kirchen zu bauen. Die Bethanienkirche war nur eine davon.

Deren Bau begann 1900 nach Plänen der Architekten Ludwig von Tiedemann und Robert Leipnitz am Cuxhavener Platz, wie er damals hieß. Die Kirche wurde im neogotischen Stil aus rotem Backstein und Sandstein errichtet.

Ernst von Mirbach, after whom the square is named, was responsible for the Bethanienkirche's construction. After serving in several wars for Prussia, then getting wounded as you might expect, he became chamberlain to Prince Wilhelm of Prussia in 1881, at the service of his wife, Auguste Victoria. Once Wilhelm became Kaiser Wilhelm II, von Mirbach became "Oberhofmeister" to the new Kaiserin.

Von Mirbach was at her beck and call, handling her charity work, and he became very much involved in the Evangelical Church Building Association. He went mad building churches. The Bethanienkirche was just one of them.

Construction began in 1900 to plans from architects Ludwig von Tiedeman and Robert Leibnitz on what was then-called Cuxhavener Platz. The church was built in a neo-gothic style with red bricks and sandstone.

It was completed in 1902, when none other than the Kaiser and Kaiserin were present for the grand opening. The Kaiserin even had one of the three bells named in her honor. It was she who decided the church should be named after the old village

Das Gotteshaus wurde 1902 eröffnet und niemand Geringeres als Kaiser und Kaiserin waren dabei zugegen. Eine der drei Glocken hatte man bereits zu Ehren der Kaiserin nach ihr benannt. Sie war es auch, die entschieden hatte, dass die Kirche nach dem alten Dorf Bethanien in Palästina – heute Al-Eizariya in der Zone C im besetzten Westjordanland – benannt werden sollte, das das königliche Paar besucht hatte. Von Mirbach hatte 1899 ein Buch über ihre Reise veröffentlicht.

Die Bethanienkirche war ein schönes Gotteshaus. Das Kirchenschiff bot über 1.000 Menschen auf einmal Platz! Und die Glocke der Kaiserin war die einzige, die den Bombenangriff vom 26. Februar überlebte.

Nun möchte ein ortsansässiger Investor die Kirche wiederbeleben, wenn auch aus irdischen Gründen. Bernd Bötzel hofft, sich einen langersehnten Traum erfüllen zu können, und will den Bethanienturm in Wohnungen und Büros verwandeln. Er bemüht sich seit 2004 darum, konnte bislang aber keine willigen Co-Investoren finden. Als ein Kandidat 2007 kurz vor der Unterschrift absprang, kaufte er den Turm selbst. Gerade

of Bethany in Palestine – now al-Eizariya in Area C of the occupied West Bank – which the royal couple had visited. Von Mirbach wrote a book about their journey in 1899.

The Bethany Church was a fine church. The nave accommodated more than 1,000 people at one time! But the Kaiserin's bell was the only one that survived the air raid of Feb. 26 in the final days of the war.

Now a local investor wants to revive it, albeit for earthly reasons. Bernd Bötzel hopes to realize a long-standing dream and turn the Bethanienturm into apartments and offices. He's been trying since 2004, when he couldn't find interested co-investors. He bought the tower in 2007, when a co-investor jumped ship. Now he's on his third attempt. The latest plan is to build a new building a total of 15 apartments 48 to 110 square meters between the two.

"I didn't think in the beginning that it would take so long," Bötzel told the Berliner Woche newspaper.

Perhaps von Mirbach, who almost certainly wouldn't approve, still wields some influence in high places.

unternimmt er einen dritten Anlauf für sein Vorhaben. Der neueste Plan sieht vor, an der Stelle des früheren Kirchenschiffs einen Neubau zu errichten und in diesem sowie im sanierten Turm insgesamt 15 Wohnungen mit 48 bis 110 Quadratmetern zu schaffen.

»Dass ich dafür so lange brauchen würde, hätte ich anfangs nicht gedacht«, sagte Bötzel der »Berliner Woche«. Vielleicht übt ja von Mirbach, der mit all dem sicherlich nicht einverstanden gewesen wäre, von weiter oben noch seinen Einfluss aus.

Brand

Bomben weg!

Bombs away!

Von allen verlassenen Flughäfen in Berlin-Brandenburg ist der Flughafen Brand unter dem Radar geblieben. Er wird nicht in einem Zug genannt mit Tempelhof, Tegel oder dem neuen, schicken Flughafen, von dem sie behaupten, sie hätten ihn noch nicht verlassen, während sie aufgegeben haben, den Flughafen Tegel aufzugeben. Kaum jemand besucht den Flugplatz Brand, nur eine Handvoll melancholischer russischer Flieger interessiert sich noch dafür. Doch genauso mag es der letzte verbliebene Soldat. Er steht dort, allein, und wacht unnachgiebig über einen der am glücklichsten schauenden Lenins der DDR. Einen, der sich freut, dass die Atomwaffen endlich weg sind.

Der Flugplatz wurde 1938 unter dem Namen Fliegerhorst Briesen als militärisches Flugfeld für die deutsche Luftwaffe geschaffen. Ein Jahr später stattete man ihn mit einer einen Kilometer langen unbefestigten Start- und Landebahn aus. Aber so gerne er anschließend auch am Krieg teilgenommen hätte – daraus wurde nicht wirklich etwas. Stattdessen wurde das Gelände zu Übungszwecken und von Möchtegern-Helden genutzt.

Of all Berlin's abandoned airports, Brand is one that has flown under the radar. It's not spoken of in the same breath as, say, Tempelhof, Tegel, or that new fancy airport that they're pretending they haven't abandoned yet while they abandon abandoning Tegel.

Few visit Flugplatz Brand, few but a smattering of melancholy Russian aviators give a damn. That's just the way the last remaining soldier likes it. He's there, alone, unflinchingly keeping watch over one of the happiest-looking Lenins left in the DDR. He's just happy the nukes are gone.

The Flugplatz began life in 1938 as a military airfield for the German Luftwaffe called Fliegerhorst Briesen. It was furnished with a one-kilometer grass runway the following year, but its hopes of joining the war never really took flight. Instead the airfield was used for training other would-be heroes.

It was the Soviets who really lit a fire under Brand and made its Flugplatz dreams come true. The Red Army took over after the war, of course, and Brand became strategically important for the Soviet Air Force.

Es waren die Sowjets, die dem Flugplatz Dampf machten und seine Träume Wirklichkeit werden ließen. Die Rote Armee übernahm das Gelände nach Ende des Krieges und Brand wurde endlich strategisch bedeutsam. Die Sowjets bauten 1950/51 eine richtige, betonierte Start- und Landebahn mit einer Länge von 2,5 Kilometern, eine weitere zwei Kilometer lange kam 1958 hinzu. Außerdem wurden eine ganze Menge Munitionsbunker und extra verstärkte Flugzeugbunker, soge- nannte Hardened Aircraft Shelter (HAS), gebaut. Der Flugplatz beherbergte des Öfteren Kampfflugzeuge vom Typ Mikojan- Gurewitsch MiG-17, Suchoi Su-7, Su-24 und später MiG-27. Um den Atomwaffen für die wartenden Flugzeuge ein Dach über dem Kopf zu bieten, wurde ein Sonderwaffenlager eingerich- tet.

»Da war nichts Interessantes«, schrieb ein offensichtlich nur schwer zu beeindruckender ehemaliger Soldat in einem Veteranenforum des Flugplatzes Brand. »Sie lagerten und warteten atomares Gerät (Abschreckungswaffen), das, wenn nötig, an den Flugzeugen angebracht werden konnte. Dann

A proper runway made of concrete, 2.5 kilometers long, was built in 1950/51, then another, 2 kilometers long, in 1958, while a whole load of ammunition bunkers and rein- forced aircraft hangars (hardened aircraft shelters, or HAS) were added, too. The airfield played host at various times to Mikoyan-Gurevich MiG-17, Sukhoi Su-7, Su-24 and later MiG-27 fighter planes. A special weapons depot was constructed to house nuclear bombs for the waiting aircraft.

"Nothing of any interest was there," one evidently hard- to-impress former soldier wrote on a Brand veterans' forum. "They stored and maintained nuclear devices (weapons of deterrence) that could be attached to the airplanes if neces- sary. Then it was like in the song, "Go, boys, fuck yourselves, bomb the town, boys."

It must have been a lovely song.

A veteran who called himself Urok wrote that an officer spent whole days in 1991 burning documentation from the headquarters and burying it in a hole, destroying it before the withdrawal.

war es wie in dem Song: ›Go, boys, fuck yourselves, bomb the town, boys‹.« Was für ein herrlicher Song.

Ein Veteran, der sich selbst Urok nannte, schrieb, dass ein Offizier 1991 ganze Tage damit verbracht habe, Unterlagen aus dem Hauptquartier zu verbrennen und in einem Loch zu vergraben, um sie vor dem Abzug zu vernichten.

Und auch um Kartoffeln ging es. Ein Veteran namens Sibiryak (der Sibirer) verbrachte 1991 einen Monat in Brand und übertrieb es ein wenig. »Ich musste meinen Dienst in der Kantine antreten. Einen Tag Dienst, einen Tag für mich. Es war wie Urlaub. Ich erinnere mich daran, wie wir einen riesigen Topf im Wald fanden und daraufhin einen Eimer Kartoffeln, einige Zwiebeln und etwas Fett aus der Kantine stahlen und alles im Wald brutzelten, mein Freund und ich. Es ist mir immer noch ein Rätsel, wie wir es geschafft haben, diesen riesigen Topf Bratkartoffeln aufzuessen, nur wir beide«, schrieb Sibiryak.

Glücklicherweise kamen die in Brand stationierten Bataillone fliegender Kämpfer niemals zum Einsatz. Sie lagen während der Zeit des Kalten Krieges auf Eis. Der Kalte Krieg

Potatoes were also a thing. One veteran named Sibiryak (the Siberian) spent a month in Brand in 1990 and went a bit overboard.

"I had to report for work at the canteen. One day on, then a day to myself. It was like a vacation. I recall how we found a giant pot in the woods, stole a bucket of potatoes, some onions and some fat from the canteen, and we fried it all up in the woods, myself and my friend. I still don't understand how we managed to eat that giant pot of fried potatoes, just the two of us," Sibiryak wrote.

Fortunately, Brand's battalions of flying fighters were never called into action. They remained on ice for the duration of the Cold War. It ended thanks to events in Berlin, Leipzig and Moscow that led to Mauerfall, the subsequent reunification of Germany and collapse of the Soviet Bloc. It left the flightless fighters fightless.

The 911th fighter-bomber aviation regiment and its MiG-27s were transferred from Brand to Belarus on July 6, 1992. The Germans had no use for the military airfield at the time

endete dank der Ereignisse in Berlin, Leipzig und Moskau, die zum Mauerfall, der deutschen Wiedervereinigung und dem Zusammenbruch des Ostblocks führten.

All das ließ die flugunfähigen Kämpfer kampflos zurück. Das 911. Fliegerregiment und seine MiG-27 wurden am 6. Juli 1992 von Brand nach Weißrussland verlegt.

Zu dieser Zeit hatten die Deutschen keine Verwendung für den Flugplatz. Deshalb wurde das Gelände 1998 an die Cargo-Lifter AG verkauft, ein Unternehmen mit der großen Vision, riesige Luftschiffe zu bauen, die riesiges Frachtgut transportieren. Immerhin wurde sogar ein riesiger Hangar gebaut – mit 360 Metern Länge, 220 Metern Breite und einer Höhe von 107 Metern ist es die größte freitragende Halle der Welt. Doch dann ging CargoLifter 2002 pleite.

Was blieb, war die Halle, die wie eine monströse Bohne aus der Landschaft aufragt. Im Jahr darauf kaufte die britisch-malaysische Investmentfirma Colin Au & Tanjong Public Ltd. die Halle und das umliegende Gelände für weniger als ein Viertel dessen, was der Bau gekostet hatte. Rund die Hälfte der

and so it was sold in 1998 to CargoLifter AG, a company with grand notions of building colossal airships to transport colossal cargo loads. It got as far as building a colossal hangar – the largest freestanding structure in the world at 360 meters long, 220 wide and 107 high. But then CargoLifter went bust in 2002.

The massive hall was left jutting out of the landscape like some sort of monstrous bean. It and part of the surrounding area was snapped up the next year by a British-Malaysian investment company, Colin Au & Tanjong Public Ltd., for less than a quarter of what it had cost to build. Around half of the €78 million construction cost had been provided by taxpayers' money.

But Au was the only one with an idea of what to do with this giant bean in the middle of nowhere – turn it into a tropical paradise for frostbitten Berliners to escape the greyness of the capital with a short train ride south. The "Tropical Islands" resort opened in December 2004. It has a tropical sea, tropical rain forest, tropical sauna, tropical geysers, tropical whirlpools, tropical rides, tropical ice cream and tropical prices.

Baukosten in Höhe von 78 Millionen Euro war aus Steuergeldern bezahlt worden. Aber Au war der einzige, der eine Idee hatte, was er mit dieser riesigen Bohne mitten im Nirgendwo anfangen sollte – er verwandelte sie in ein tropisches Paradies für erfrorene Berliner, die dem Grau der Hauptstadt mit einer kurzen Zugfahrt nach Süden entkommen wollen. Der Freizeitpark »Tropical Island« eröffnete im Jahr 2004. Er hat ein tropisches Meer, einen tropischen Regenwald, eine tropische Sauna, tropische Geysire, tropische Whirlpools, tropische Fahrgeschäfte, tropisches Eis und tropische Preise. Er ist so tropisch, dass es nur eine Frage der Zeit ist, bis Jair Bolsonaro ihn niederbrennen will.

Inzwischen siechen die Reste des ehemaligen sowjetischen Luftwaffenstützpunktes außerhalb der Sichtweite der tropischen Gäste vor sich hin. Weggeworfene Wodka-Flaschen zeugen von den Bemühungen der Besatzer, die Zeit auf traditionellere, nicht tropische Weise hinter sich zu bringen.

Der Steinsoldat und Lenin sind die Einzigen, die noch übrig geblieben sind. Immerhin haben die beiden einander.

It's so tropical it's only a matter of time before Jair Bolsonaro wants to burn it down.

Meanwhile, the rest of the former Soviet air base languishes just out of sight of the tropical guests, with old discarded wodka bottles testament to occupants' efforts to pass time in a more traditional non-tropical manner.

The stone soldier and Lenin are the only two remaining now. At least they have each other.

Burger King

Ein Diner auf Sparflamme

Demoted diner

Es ist das langsamste Fastfood-Restaurant der Welt. Man wartet hier eine Ewigkeit auf seinen Burger. Der Burger King an der Prenzlauer Promenade ist so langsam, dass die meisten seiner Kunden aufgegeben haben und nach Hause gegangen sind. Ein paar grauhaarige Skelette harren noch in der Schlange aus, aber selbst die haben nun akzeptiert, dass sie ihre Whopper, Chickenburger oder Chili-Cheeseburger mit extra langer Wartezeit wohl kaum in absehbarer Zukunft bekommen werden.

Nicht nur hat das Personal die Türen abgeschlossen und ist (schreiend) nach Hause gerannt. Auch der Service ist so nachlässig geworden, dass die Arbeiter der Konkurrenz-Kette Tommys Burgers das Gebäude gekapert und versucht haben, es zu übernehmen. Aber dann haben auch sie es verlassen. Es muss verflucht sein. Der McDonald's die Straße runter hält sich seinen beachtlichen Bauch vor Lachen über diesen ganzen Blödsinn.

Geht man nach der Facebook-Seite dieses Burger Kings, dann war der Service dort niemals gut, noch nicht einmal, als er noch geöffnet hatte. »Burger King in der Prenzlauer Prome-

It's the slowest fast food restaurant in the world. You'd be waiting a whopping great time for your burger. The Burger King on Prenzlauer Promenade is so slow that most of its customers have given up and gone home.

A few grey-haired skeletons persist in the queue but even they have come to accept that they won't be getting their whoppers, chicken burgers or even their extra long wait chili cheese burgers any time soon.

Not only have all the staff locked the doors and gone home (screaming), but the service has become so slack that workers from rival chain Tommys Burgers hijacked the building and attempted to take over. Then they abandoned it, too. It must be haunted. The McDonald's down the road is laughing its sizable ass off at all the shenanigans.

Judging from the comments on this Burger King's Facebook page, it seems the service was never any good, even when the place was open.

"Burger King on the Prenzlauer Promenade is the worst shithole. For the umpteenth time the staff (always the same

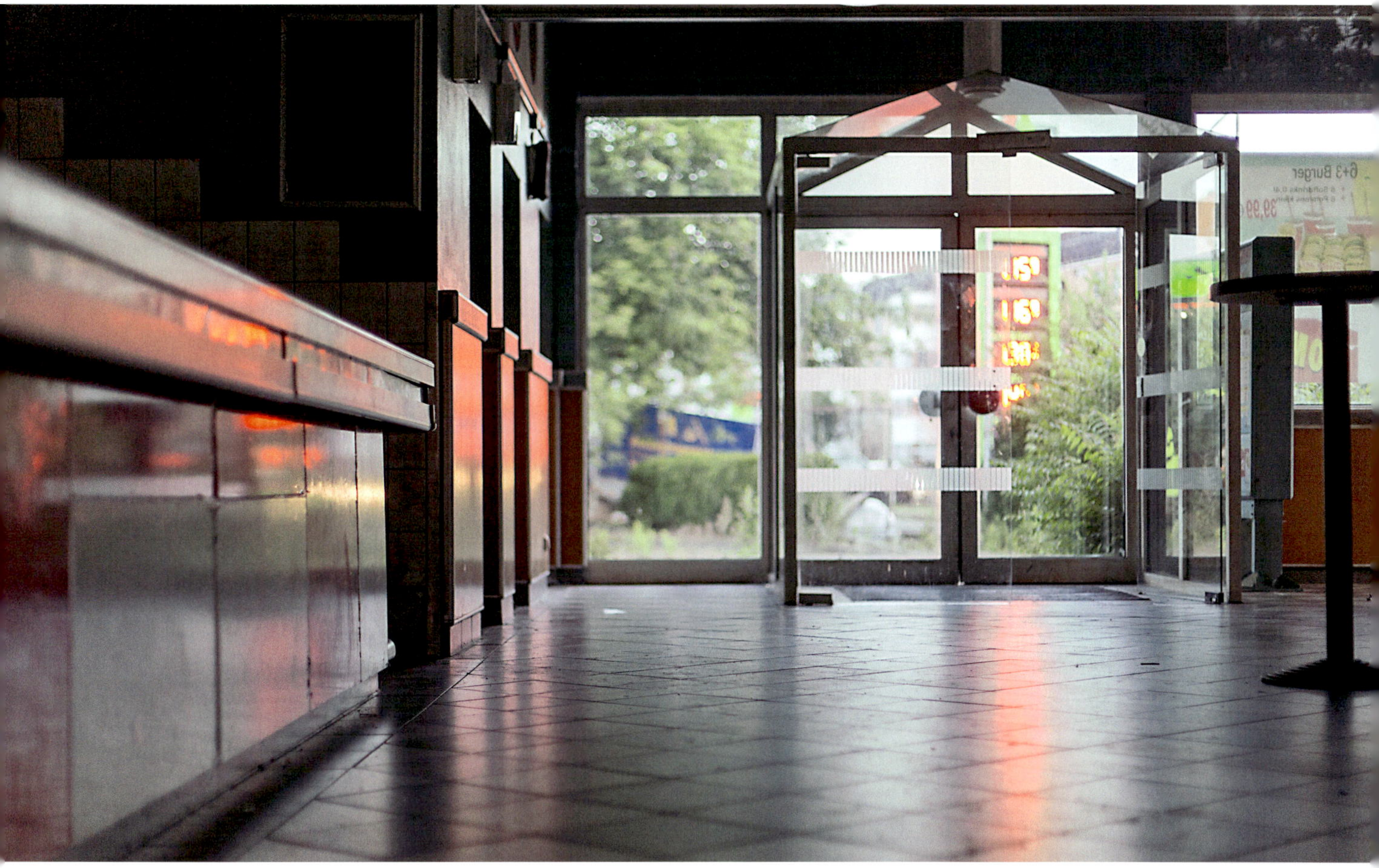

TOMMYS
schnelle
BURGER
SEIT 1995
HAMBURGER · CHICKEN
POMMES · SOFTDRINKS

TOMMYS
schnelle
BURGER
SEIT 1995
TOMMYS
schnelle
BURGER
SEIT 1995

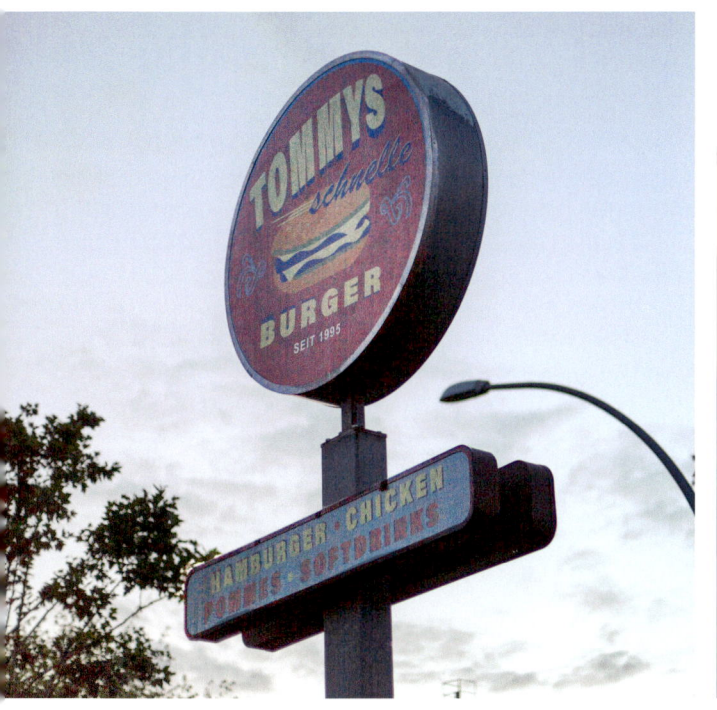

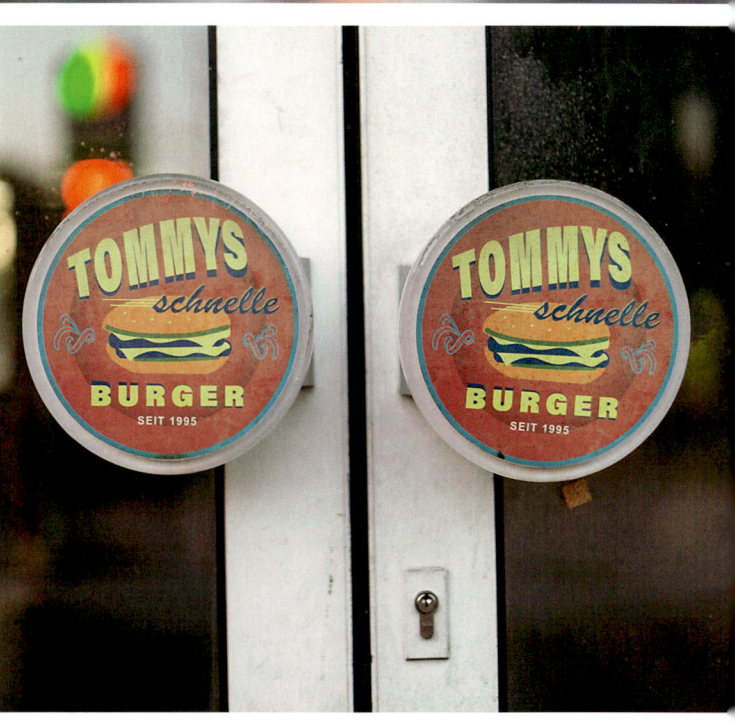

nade ist der letzte Drecksladen, zum wiederholten Male waren die Mitarbeiter (immer dieselben) mit ihrer Arbeit überfordert. Drei Kunden und schon läuft da nix mehr«, schrieb Candy Kähne. »Der MC Drive wird sowieso selten bedient, sodass wir schon drei Mal ohne Bestellung los gefahren sind. Montag werde ich mich bei der Geschäftsstelle beschweren!!!« Oje, ich wäre an diesem Montag nicht gerne in der Geschäftsstelle gewesen.

Auch Nadja Hoffmann war nicht besonders zufrieden mit diesem Ort. »Toilettenpapier alle, Seife alle und nur eine Bedienung bei Megaschlange. Und der für den Drive in zuständig ist, hat mich 5 min warten lassen, um die Bestellung überhaupt anzunehmen, obwohl kein Auto vor mir war«, schrieb Nadja. »Zum Kotzen der Laden. Übrigens immer schön in die Tüte gucken. 2x hat jetzt schon was gefehlt oder es war das falsche drin.«

Christian Tutschek war »nur« enttäuscht von der mageren Auswahl an Burgern. »Leider hatten sie die Burger nicht, die gerade massiv in Funk und Fernsehen beworben werden.

ones) were overwhelmed by their work. Three customers and nix works there anymore," Candy Kähne wrote. "The MC Drive is so rarely in service that we drove off three times without placing an order. I'll be giving out at the office on Monday!"

Oh dear. I wouldn't have liked to be in that office that Monday.

Nadja Hoffmann wasn't best pleased with the place either.

"Toilet paper was all gone, soap all gone, and the only service had a massive queue. And your man in the drive in left me waiting five minutes just to take the order even though there was no car in front of me. The shop would make you puke," Nadja wrote. "Always check the bag, by the way. Twice now, something was missing or there was the wrong thing in it."

Christian Tutschek was left disappointed by the underwhelming selection of burgers available.

"Unfortunately they didn't have the burgers that they're promoting so much on radio and TV. Otherwise they're always quite fast and friendly here."

Not what we've been hearing Christian!

Sonst sind sie hier immer recht schnell und freundlich.« Da haben wir was anderes gehört, Christian!

Vielleicht war Annette Fosgerau Johannesen am 7. Mai 2017 die letzte Person, die den Burger King an der Prenzlauer Promenade besuchte, bevor er auf mysteriöse Weise verschwand. Sie postete ein Foto von ihren Freunden, auf dem sie so tun, als würden sie ihr krank aussehendes Essen genießen. Sie könnten tatsächlich die letzten Gäste gewesen sein. Jeder, der in letzter Zeit dorthin wollte, hatte das Glück, dass der Burger King geschlossen ist.

Aber keine Sorge, geneigter Leser! Es gibt noch eine Menge nicht verlassener Orte in Berlin, an denen du dir den Mund mit Burgern vollstopfen kannst, bis sie dir zu den Ohren rauskommen.

Aber zurück zu dem verlassenen Burger King. Dort siffte fröhlich ein Mineralwasserkarton von McDonald's in dem Unkraut des zugewucherten Eingangs vor sich hin. Der ist auch verlassen. Alle werden sie eines Tages verlassen sein.

It seems the last person to check in to the Burger King on the Prenzlauer Promenade before it mysteriously closed was Annette Fosgerau Johannesen on May 7, 2016, when she posted a photo of her buddies pretending to enjoy their diseased-looking food.

They might very well have been its last customers. Anyone visiting recently will have the good fortune to find it closed.

But fear not, gentle reader! There are still plenty of non-abandoned places in Berlin where you can stuff your face with burgers till they're coming out of your ears.

Back at the abandoned Burger King, a McDonald's soda carton was languishing gleefully among the weeds in the overgrown entrance. That too was abandoned, however. They'll all be abandoned some day.

Cité Foch

Das Shopping Center, das den Trend nicht mitmacht

The shopping center that's bucking the trend

Der Räumungsverkauf in der Cité Foch war irgendwie anders. Alles musste raus! Am Ende mussten sogar das Shopping Center selbst, das Kino und das Freizeitzentrum gehen. Heute ist von all dem nichts mehr übrig.

Der Komplex der Cité Foch in Wittenau wurde ab 1957 als Wohnsiedlung für französisches Militärpersonal und deren Familien errichtet. Die Franzosen kontrollierten den nördlichen Sektor West-Berlins, der über den Flughafen Tegel erreichbar war. Das erste Gebäude des Komplexes war eigentlich 1952 für französische Landjäger in der Nähe des Feldlagers Foch errichtet worden. (Ferdinand Foch war ein im Ersten Weltkrieg gefeierter Soldat und ist nicht zu verwechseln mit dem Fuchs Ferdinand aus dem Kinderbuchregal.)

Die Cité-Siedlung wurde auf rund 47 Hektar ehemaligem Industriegelände bzw. Ackerland – je nachdem, wem man glauben möchte – in mehreren Etappen errichtet. Ursprünglich hieß das Areal Cité Toucoulou, nach einem Leutnant mit dem einprägsamen Namen Yves Tucoulou-Tachouères. Tucoulou-Tachouères war der Sohn des Leiters der französi-

Cité Foch's closing down sale must have been something else. Everything must go! In the end, even the shopping center, cinema and leisure center had to go, and there's nothing left there now.

The Cité Foch complex in Wittenau was built as a living area/settlement for French military personnel and their families from 1957. The French were in charge of the northern sector of West Berlin, the part served by Tegel airport.

The first building in the complex, for French gendarmes, was actually built in 1952 near Camp Foch. (Ferdinand Foch was a feted soldier from the First World War, not to be confused with the fox, Ferdinand Fuchs.)

The Cité settlement was constructed in various stages on around 47 hectares of former industrial land, or cornfields, depending on whom you want to believe.

It was initially called Cité Toucoulou after the brilliantly named Lt. Yves Tucoulou-Tachouères. Tucoulou-Tachouères was the son of the chief of French forces in Germany but he was killed fighting in Indochina in 1948.

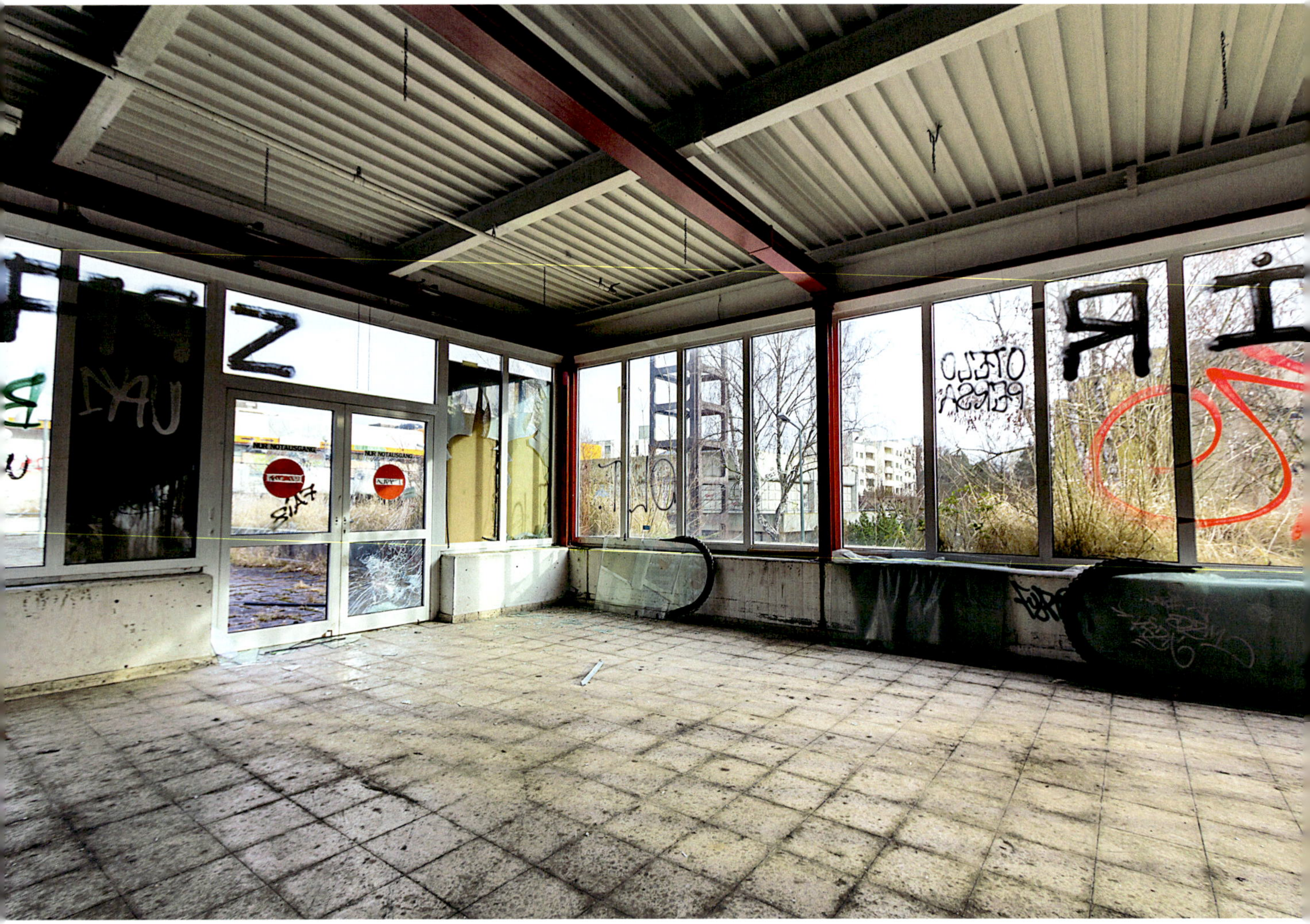

KITA AVENUE CHARLES
DE GAULLE

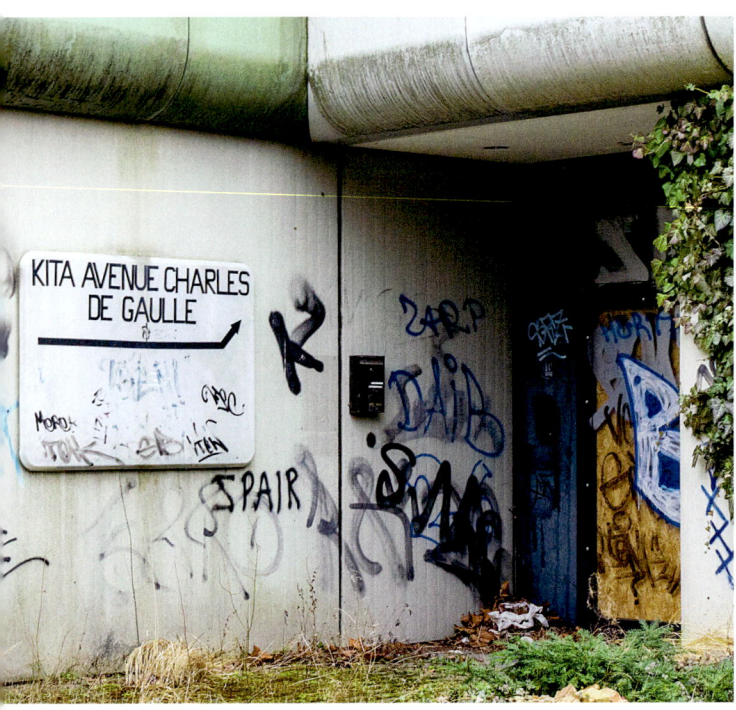

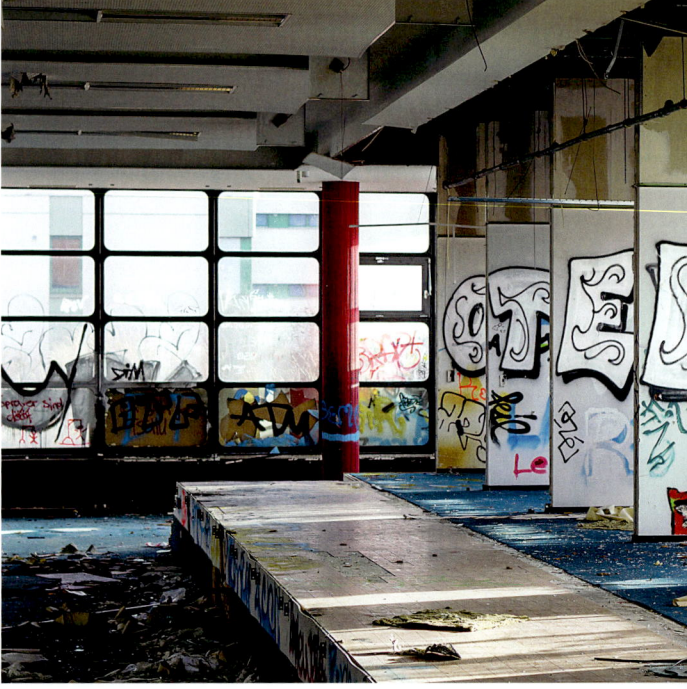

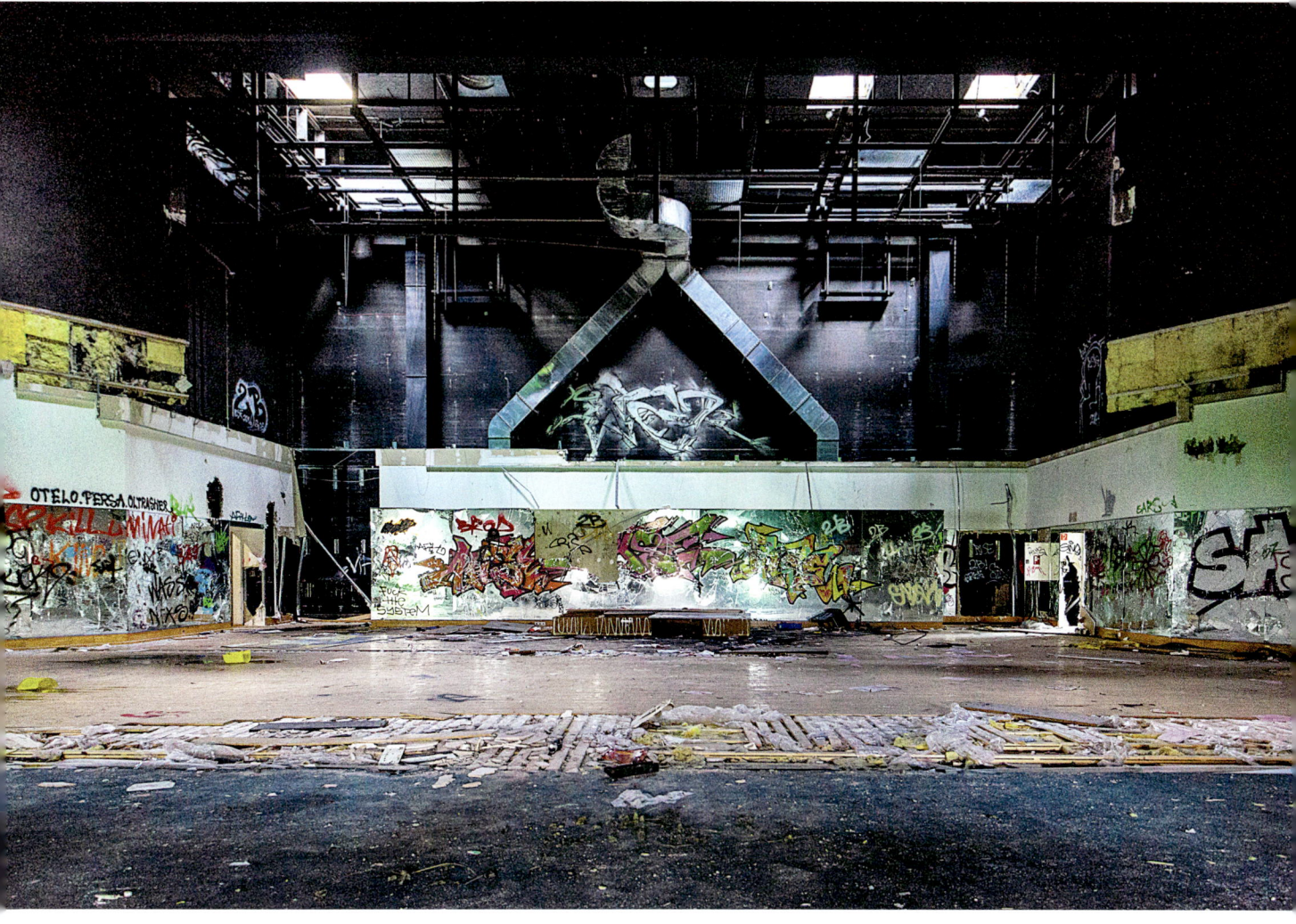

schen Streitkräfte in Deutschland, der aber bei einer Schlacht in Indochina 1948 getötet worden war.

Vielleicht, weil sie Toucoulou-Tachourères Namen falsch geschrieben hatten, wurde die Cité Toucoulou nach dem eben vorgestellten Foch – auch ein großartiger Name! – in Cité Foch umbenannt. Dabei blieb es dann und sie passten gut auf, dass sie diesen Namen nicht falsch schrieben.

In der Siedlung gab es 785 Wohnungen, verteilt auf 80 Gebäude, die Kirche St. Geneviève, Schulen, ein Jugendzentrum, ein Kino, Kindergärten, ein Schwimmbad, Sportmöglichkeiten – und das 1975 erbaute Shopping Center mit Kino und Freizeitzentrum.

Mit dem Mauerfall endete der Einsatz der Franzosen in Berlin. Die Soldaten kehrten 1994 nach Hause zurück (oder irgendwohin, wo es weniger teuer war) und die Cité Foch fiel in die Hände des Staates. Dieser hat, wie er so ist, reichlich wenig damit angefangen und es sich selbst überlassen.

Der Bundesnachrichtendienst (BND), Deutschlands gar nicht so geheimer Geheimdienst, zog für eine Weile in eines

Perhaps because they misspelled Tucoulou-Tachouères' name, Cité Toucoulou was renamed Cité Foch after the previously mentioned Ferdinand Foch – also a great name! – and so it remained. They were careful not to misspell Foch.

There were 785 apartments in 80 buildings, the Sainte Geneviève church, schools, a youth center, cinema, Kindergarten, swimming pool, sports facilities – and the shopping center with a cinema and leisure center, built in 1975.

Mauerfall spelled the end of the French mission in Berlin and so they moved home (or somewhere less expensive) in 1994, when Cité Foch came under the state's jurisdiction. The state, being the state, did very little with it and left it until it was in, well, a state.

The Bundesnachrichtendienst (BND), Germany's not-so-secret secret service, used one of the buildings across the road on Rue Montesquieu for a while.

It had been used by the French as a listening post like the Americans and British used Teufelsberg – West Berlin was all ears – but they had to move out when one of their spies mis-

der Gebäude gegenüber der Rue Montesquieu. Die Franzosen hatten es als Abhörstation genutzt, so wie die Amerikaner und Briten den Teufelsberg – West-Berlin war ganz und gar Ohr. Der BND musste aber wieder ausziehen, als einer seiner Spione aus Versehen »BND« auf einen Briefumschlag geschrieben hatte, der seinen schäbigen Spionagebericht enthielt.

Ein Schweizer Immobilienhai kaufte das Shopping Center 1998. Anschließend mieteten sich unter anderem Kaufland, das Fitnesscenter Elixia und Aldi dort ein. Doch nach Streitigkeiten zogen sie 2006 allesamt wieder aus, der Investor ging pleite und das Areal war von nun an verlassen.

Einer der Geldgeber des Investors, die Frankfurter Immobilienfirma Hudson Advisors, kaufte 2014 das Gelände, um ihren Verlust wettzumachen – durch den Bau von Wohnungen. Was sonst? Das ist Berlin. Wenn es kein Shopping Center wird, werden es eben Wohnungen.

takenly wrote BND on an envelope containing his shabby espionage report.

A Swiss property shark bought the shopping center in 1998 and it was rented out to various people, with Kaufland, fitness center Elixia and Aldi among the tenants, before arguments took their toll and they all moved out leaving it abandoned in 2006. The investor went bust.

One of the investor's creditors, the Frankfurt-based Hudson Advisors, bought the site in 2014 and planned on recouping its investment through apartments. What else? This is Berlin. If it ain't shopping centers, it's apartments.

Flugplatz Johannisthal

Liebe Grüße von der Geburtsstätte des motorisierten Fliegens

Best wishes from the birth of motorized flying

Seit er die zweite Geige nach Tempelhof spielen musste, wurde der Flugplatz Johannisthal recht lieblos behandelt. Der Flugplatz eröffnete am 26. September 1909 als einer der ersten Motorflugplätze weltweit – überflügelt scheinbar nur vom August-Euler-Flugplatz in Darmstadt, der ein Jahr zuvor eröffnet hatte.

Ursprünglich hieß er Motorflugplatz Johannisthal-Adlershof, vermutlich um sich von Tempelhof abzugrenzen, von wo aus schon zuvor Ballons, Luftschiffe, Ferdinand von Zeppelins Luftzüge und alles, was sonst noch fliegen konnte, abhob. Das waren Zeiten! Das Fliegen war gerade erst geboren und wahnsinnig aufregend. Da wurde einem noch nicht der Spaß damit verdorben, dass man am Flughafen seine Schuhe ausziehen muss oder dazu gezwungen wird, stundenlang in einer Schlange zu warten – der Illusion zuliebe, eine »Sicherheits«-Kontrolle zu passieren. Ryanair gab es auch noch nicht. Es muss fantastisch gewesen sein.

Die Menschen strömten nach Johannisthal, um die erstaunlichen neumodischen Apparate aus Metall einmal in Aktion

Flugplatz Johannisthal, or Johannisthal Airfield, has been shown very little love in recent years, ever since it was forced to play second fiddle to Tempelhof.

One of the world's first motor airfields when it opened on Sept. 26, 1909, Johannisthal was apparently only beaten by Darmstadt's August-Euler-Flugplatz, which opened the year before.

It was initially called Motorflugplatz Johannisthal-Adlershof, presumably to differentiate it from Tempelhof, where they were already flying balloons and airships, Ferdinand von Zeppelin's Luft-Züge (air-trains) and anything else they could find that would stay up.

Those were the days! Flight was still in its infancy and exciting! They hadn't killed the fun by making you take your shoes off at the airport or forcing you to queue for hours to give the illusion of security. Ryanair didn't even exist. It must have been fantastic.

People used to flock to Johannisthal to see these marvelous metal contraptions in action. There was room on the

zu sehen. Die Haupttribüne bot Platz für 2.300 Zuschauer und auf einer weiteren fanden noch einmal 1.750 Menschen Platz.

Die Eintrittsgelder der Zuschauer trugen zur Finanzierung des Flugplatzes bei, aber viele Schaulustige kletterten einfach über den Zaun und kamen rein, ohne zu bezahlen. (Berliner ändern sich nie.) Es kamen so viele Menschen, dass sie ein Risiko für die Flugmaschinen darstellen, wegen denen sie gekommen waren. Der Direktor des Flugplatzes, Major Georg von Tschudi, war offensichtlich außer sich vor Wut, da viele Besucher nur kamen, um die Unfälle zu sehen, die häufig tödlich endeten, und sich dann herumliegenden Flugzeugteile als Souvenirs einstecken.

Auch am Rand des Flugplatzes ging es zu wie im Bienenstock. In den Werkstätten und Hangars hatten sich ganz unterschiedliche Unternehmen niedergelassen, die Flugzeuge bauten und/oder Flugstunden anboten. Firmen wie Fokker, die Albatros Flugzeugwerke GmbH, AGO und die Luft-Verkehrsgesellschaft hatten hier ihren Sitz.

main stand for 2,300 spectators, and 1,750 on another tribune.

Spectators were charged admission to help finance the airfield, but plenty simply hopped the fence and got in without paying. (Berliners never change.) So many showed up that they posed a risk to the flying machines they were coming to see.

Apparently airfield director Major Georg von Tschudi was outraged because most people were coming just to see the crashes, which were often fatal, and then helping themselves to whatever bits of aircraft they could find for souvenirs.

The fringes of the airfield were a hive of activity too, with different companies based in various garages and hangars constructing aircraft and/or offering flight lessons. Firms like Fokker, Albatros Flugzeugwerke GmbH, AGO and the Luft-Verkehrsgesellschaft were based here.

Germany's first female aviator, Amelie "Melli" Beese, is synonymous with Johannisthal from this time. Apparently nobody wanted to teach her how to fly because she was a

Deutschlands erste Fliegerin, Amelie »Melli« Beese, steht für den Flugplatz Johannisthal zu jener Zeit. Scheinbar wollte ihr niemand das Fliegen beibringen, weil sie eine Frau war, aber dann gelang es ihr doch, einen Robert Thelen dazu zu bringen. Er gab zwar auf, als sie bei ihrem zweiten Flug wegen eines mechanischen Problems abstürzten, aber sie kehrte nach Johannisthal zurück und erwarb am 13. September 1911, an ihrem 25. Geburtstag, trotz der Bemühungen anderer Flieger, ihr Flugzeug zu sabotieren, die Fluglizenz.

Beese hatte es all diesen Männern gezeigt und stellte eine ganze Reihe von Höhen- und Ausdauerrekorden auf. Mit der Unterstützung von Charles Boutard und Hermann Reichelt gründete sie sogar ihre eigene Flugschule, die Flugschule Melli Beese GmbH, und baute ihr eigenes Flugzeug, die Taube.

Sie heiratete Charles Boutard und nahm die französische Staatsbürgerschaft an, was später zu Problemen führte. Beese und Boutard entwarfen ein Flugboot, das aber von den Behörden zerstört wurde, als man beide mit Ausbruch des Ersten Weltkrieges zu Staatsfeinden erklärte.

woman until she managed to persuade one Robert Thelen to do so. He quit after a crash due to a mechanical problem on her second flight but she returned to Johannisthal and got her license on Sept. 13, 1911, her 25th birthday, despite other aviators' best efforts to sabotage her plane.

Beese showed them, these men, and she went on to set a number of height and endurance records. She also founded her own flying school with the help of Charles Boutard and Hermann Reichelt, Flugschule Melli Beese GmbH, and went on to build her own plane, the Beese-Taube (Beese Pigeon).

She married Charles Boutard and took French citizenship, which led to all sorts of problems later on. Beese and Boutard designed a flying boat, but it was destroyed by the authorities when they were declared enemies of the state with the outbreak of the First World War.

Besse shot herself on Dec. 21, 1925. The note she left behind said, "Flying is essential, living is not."

Others felt the same – they had to or flying would never have gotten off the ground – and airships also played their part

Beese erschoss sich am 21. Dezember 1925. Sie hinterließ die Nachricht: »Fliegen ist notwendig. Leben nicht.« Auch andere fühlten wie Melli Beese – es musste so sein, sonst hätte kein Flugzeug jemals vom Boden abgehoben.

Auch Luftschiffe spielten in Johannisthal eine Rolle. Der erste Hangar für Parseval-Luftschiffe wurde 1910 für die Luft-Fahrzeug-Gesellschaft (LFG) errichtet, die die Entwürfe von August von Parseval umsetzte. In der 75 Meter langen Halle stand anfänglich ein Parseval-Luftschiff PL 6, auf dem Werbung durch den Berliner Nachthimmel schwebte, indem Bilder auf den Schiffsrumpf projiziert wurden.

Die Luftschiffbau Zeppelin GmbH baute im Jahr darauf nebenan eine mit 160 Metern Länge ebenfalls riesige Halle, in der zwei Luftschiffe Platz fanden. Auch andere Luftschiffe starteten und landeten in Johannisthal, darunter das Schütte-Lanz-Luftschiff SLII, offenbar eines der beeindruckendsten der Zeit.

Am 17. Oktober 1913 fing der Zeppelin LZ 18, der der Kaiserlichen Marine gehörte, Feuer und explodierte über Johan-

at Johannisthal. The first Parseval airship hangar was built in 1910 for Luft-Fahrzeug-Gesellschaft (LFG), which constructed all of August von Parseval's designs. The 75-meter hall initially housed a Parseval PL 6 that used to float adverting messages in the Berlin sky at night. Images were projected onto its hull by a projector.

Luftschiffbau Zeppelin GmbH built another giant hall beside it the following year, 160 meters long, for two Zeppelin airships. Other airships also used to land and take off from Johannisthal, including a Schütte-Lanz-Luftschiff SLII, apparently one of the most impressive at the time.

A LZ18 Zeppelin belonging to the German Navy caught fire and exploded above Johannisthal on Oct. 17, 1913, with the loss of life of everyone on board. It was a major setback for the navy's airship program, coming as it did just weeks after the Helgoland Island air disaster, in which its LZ14 Zeppelin crashed into the North Sea.

The Parseval hangar burned down in January 1915 as the First World War was underway and the other was demolished

nisthal, alle an Bord starben. Es war ein großer Rückschlag für das Luftschiff-Programm der Marine, lag doch die Helgoländer Katastrophe, bei der der Zeppelin LZ 14 in die Nordsee gestürzt war, erst wenige Wochen zurück.

Der Parseval-Hangar brannte im Januar 1915, als der Erste Weltkrieg schon in vollem Gange war, aus. Die anderen wurden 1921 infolge des Versailler Vertrages, der Deutschland Luftstreitkräfte untersagte, abgerissen. Erlaubt war fortan nur noch zivile Luftfahrt. Deutschlands erster Passagierdienst startete von Johannisthal nach Weimar, allerdings waren am 5. Februar 1919 nur rund 4.000 Zeitungen an Bord, am Tag darauf auch Post.

Wenige Monate später startete dann der Passagierservice; zu den ersten Mitreisenden zählte offenbar auch Reichspräsident Friedrich Ebert. Die Reise dürfte jedoch nicht besonders bequem gewesen sein, da es sich um alte Militärflugzeuge handelte und die Passagiere Handschuhe, Schals, Hüte und Schutzbrillen tragen mussten, um die kalten Winde abzuhalten.

in 1921 due to the conditions of the post-war Versailles treaty, which prohibited Germany's use of military aircraft.

Only civilian flights were allowed. Germany's first air passenger service started from Johannisthal to Weimar, though there were only around 4,000 newspapers on board the first flight on Feb. 5, 1919. There was post on board, too, the next day.

The passenger service started a few months later, with German president Friedrich Ebert apparently among the first guests. They weren't made very comfortable as the planes were old military aircraft and passengers had to wear gloves, scarves, hats and goggles to keep the wind chill away.

The Johannisthal airfield's demise began with the decision to construct a proper airport in Tempelhof, which opened in 1923 and nabbed all the civilian flights.

After that Johannisthal was mostly used for military purposes. Once the Nazis came to power, the Germans used it for testing as the army was sneakily rearmed before the Second World War. Well, that war didn't go too well either, and the Soviets took over after that.

Der Niedergang von Johannisthal begann mit der Entscheidung, in Tempelhof einen richtigen Flughafen zu errichten. Tempelhof eröffnete 1923 und schnappte sich sämtliche zivilen Flüge. Johannisthal diente fortan größtenteils militärischen Zwecken. Als die Nazis an die Macht kamen, nutzten sie den Flugplatz als Testgelände, denn die Armee war vor Beginn des Zweiten Weltkrieges klammheimlich wiederaufgerüstet worden. Aber auch dieser Krieg lief nicht so gut und anschließend übernahmen die Sowjets das Gelände.

Kurzzeitig nutzten sowjetische Fliegerkräfte Johannisthal, zogen aber schon 1952 nach Schönefeld um. Nachdem der frühere Konkurrent Tempelhof nun in West-Berlin lag, wurde Schönefeld zum neuen Hauptgegner. Mit dessen Ausbau verlor Johannisthal als Flugplatz immer weiter an Bedeutung.

Als hier nicht mehr so viel geflogen wurde, entstanden bodenständigere Unternehmen und es wurden zum Beispiel Kühlschränke hergestellt. Ich weiß, Kühlschränke können nicht fliegen und sie brechen auch nicht den Rekord beim menschlichen Durchhaltevermögen, aber sie sind cool!

Soviet armed forces used Johannisthal briefly before moving to Schönefeld in 1952. With former foe Tempelhof now in West Berlin, it was Schönefeld's turn to become Johannisthal's chief tormentor. The more Schönefeld was built up, the less important Johannisthal became as an airfield.

As flying activity dwindled, other more grounded ventures took over. Fridge manufacturing, for example. I know it ain't flying, it ain't pushing the limits of human endurance, but fridges are cool, man.

VEB Kühlautomat Berlin was founded in April 1950 to make commercial and industrial cooling equipment, or refrigerators as Americans like to call them, in the area on the edge of the main airfield.

They made huge fridges for East German fishing vessels trawling for fish in the Baltic. They also made engines for the Deutsche Reichsbahn after merging with VEB Motorenwerk Johannisthal in 1968. Some 2,500 people worked for the company at its peak.

Everything was chilled until Mauerfall in 1989 put an end

Der VEB Kühlautomat Berlin wurde im April 1950 gegründet und stellte am Rand des Hauptflugfeldes Kühlgeräte für Haushalt und Gewerbe her. Man fertigte riesige Gefriertruhen für die ostdeutsche Schleppnetzfischerei in der Ostsee. Nach der Zusammenlegung mit dem VEB Motorenwerk Johannisthal im Jahr 1968 baute man auch Motoren für die Deutsche Reichsbahn. Zu Spitzenzeiten arbeiteten etwa 2.500 Menschen für den Betrieb.

Alles lief wie geschmiert, bis der Mauerfall 1989 dem Ganzen ein Ende bereitete. Westdeutsche Unternehmer rissen sich von heute auf morgen nahezu alle erfolgreichen ostdeutschen Betriebe unter den Nagel. So geschah es auch mit dem VEB Kühlautomat Berlin, der 1994 an eine Firma aus Bochum verkauft und innerhalb der folgenden Jahre nach Reinickendorf verlegt wurde.

Der Flugplatz Johannisthal selbst wurde 1995 für immer geschlossen. Nun ist er ein Park und teilt damit ironischerweise das Schicksal von Tempelhof. Heute können die alten Flughäfen darüber lachen. Sie haben ihren Streit begraben.

to it all. Nearly all the successful East German enterprises were snapped up for next to nothing by West German counterparts after the fall of the Berlin Wall. So it was with VEB Kühlautomat, sold in 1994 to a firm from Bochum and relocated over the next couple of years to Reinickendorf.

Flugplatz Johannisthal itself was officially closed down for good in 1995. Now it's a park, ironically sharing Tempelhof's fate. They can laugh about it now, the old airports. They've put their differences aside.

Flugplatz Rangsdorf

Kapriolen aller Art und wie man Hitler umbringt

Hi-jinx, lo-jinx and the plot to kill Hitler

Wir schmeißen unsere Räder über den Zaun, schlagen uns heimlich durch die Bäume und folgen den Fußstapfen von Claus Schenk Graf von Stauffenberg. Von hier aus flog er mit einer für Hitler bestimmten Bombe ab, aber ein Tischbein vereitelte seine Pläne. Ein ganz normales, hölzernes Tischbein, unumstößlich treu bis zuletzt.

Die Liebelei zwischen dem Flugplatz Rangsdorf und dem Himmel begann im Herbst 1935, als die Bücker-Flugzeugbau GmbH von Johannisthal dorthin zog und mit der Produktion von Sport- und Übungsflugzeugen begann. Die hier gefertigten Doppeldecker Bü-131 wurden teilweise als Trainingsflugzeuge an die Luftwaffe verkauft, während weitere exportiert und wieder andere als Lizenzbauten im Ausland hergestellt wurden. Insgesamt wurden mehr als 5.000 Stück gebaut.

Der Flughafen wurde offiziell am 30. Juli 1936, dem Vorabend der Olympischen Spiele, als »Reichssportflughafen Rangsdorf« eröffnet. Dazu gehörten auch das Aero-Club-Haus am Rangsdorfer See und die Reichsschule für Motorflug (RfM), die als einzige deutsche Flugschule Studenten aus dem Aus-

We push our bikes over the fence, plough on furtively through the trees and follow in the footsteps of Claus Schenk Graf von Stauffenberg. This is where he took off with a bomb for Hitler only to be foiled by a table leg. A common wooden table leg, stubbornly loyal to the last.

Flugplatz Rangsdorf's dalliance with the skies began in autumn 1935, when Bücker-Flugzeugbau GmbH moved here from Johannisthal and began production of its sports and training airplanes. Bü-131 biplanes were snapped up by the Luftwaffe (German air force) for training purposes, while more were exported and others were produced under license abroad. More than 5,000 were built altogether.

The airport was officially opened as "Reichssportflughafen Rangsdorf" on July 30, 1936, on the eve of the Olympic Games. You also had the accompanying Aero-Club-Haus at Rangsdorfer See and Reichsschule für Motorflug (RfM), the only sports flying school in Germany, which was attracting students from abroad. They used to converge at the Aero-Club-Haus for a laugh and a giggle. You know what students are like.

land anzog. Ins Aero-Club-Haus kamen sie zum Rumalbern. Sie wissen ja, wie Schüler sind.

Ernst Sagebiel, der auch Tempelhof entworfen hatte, zeichnete verantwortlich für die Pläne. Sagebiel war ein ziemliches Genie, aber er wurde vom Nazivirus infiziert, der zu jener Zeit umging.

Trotz der unbefestigten Start- und Landebahnen war Rangsdorf der brauchbarste Flughafen des Landes. Die zeitgenössische Presse kürte ihn wohl zum »schönsten Sportflughafen Deutschlands«. Die Heeressportschule in Wünsdorf war nicht weit entfernt und natürlich war Sport groß in Mode, als die Olympischen Spiele in der Stadt waren. Sie boten eine nette Abwechslung zu den Kriegsvorbereitungen – und den Vorteil, zugleich einen Beitrag dazu zu leisten. Fitte Soldaten sind bessere Soldaten, und die Nazis waren besessen von körperlicher Perfektion.

Carl Clemens Bücker setzte seine boomende Flugzeugproduktion fort und passend dazu traten prominente Gäste auf den nationalen und internationalen Flugshows auf, die vor Ort

Ernst Sagebiel, who also designed Tempelhof, was responsible for the plans. Sagebiel was a bit of a genius but he caught the Nazi bug going around at the time.

Despite the grass runways, Rangsdorf was the fittest airport in the country! Press at the time apparently dubbed it "the most beautiful sports airport in Germany." The Army Sports School wasn't too far away in Wünsdorf and of course sport was all in vogue with the Olympics in town. It provided a nice distraction from war preparations, with the convenient benefit of contributing to them, too. Fit soldiers make better soldiers and the Nazis were obsessed with physical perfection.

Carl Clemens Bücker continued with his burgeoning aircraft production, while there were prominent guests at the national and international flying shows taking place.

Long-distance flier Elly Beinhorn introduced her Messerschmitt Me-108 "Taifun" monoplane at Rangsdorf, while her racing car driver husband Bernd Rosemeyer learned to fly here. They were quite the celebrity couple, feted across the

stattfanden. So stellte Langstreckenfliegerin Elly Beinhorn in Rangsdorf ihr Eindecker-Flugzeug Messerschmitt Me-108 »Taifun« vor, während ihr Ehemann, der Rennfahrer Bernd Rosemeyer, dort fliegen lernte. Sie waren ein echtes Promi-Pärchen, das im ganzen Land gefeiert wurde. Rosemeyer kam ums Leben, als er 1938 versuchte, seinen Geschwindigkeitsrekord zurückzuerobern. Beinhorn wurde 100 Jahre alt.

Auch Beate Köstlin, die später zu Beate Uhse wurde und in Flensburg den weltweit ersten Sexshop eröffnete, lernte in Rangsdorf zu fliegen. Eine ziemlich bemerkenswerte Frau: Sie hatte ein Erotikmuseum in Berlin, doch das Gebäude musste lukrativeren Projekten weichen. Ihr Imperium aber überlebt.

Der Schauspieler Heinz Rühmann hatte sein Flugzeug in einem Hangar in Rangsdorf. Auch dessen Freund Ernst Udet, das zweithöchste deutsche Fliegerass im Ersten Weltkrieg, und der Stuntpilot Gerd Achgelis stellten ihre Flugzeuge dort ab.

Und die europäische Meisterin im Kunstfliegen, Liesel Bach, gehörte zu den vielen furchtlosen Piloten, die Wettkämpfe mit der in Rangsdorf gebauten Bü-133 gewannen.

land. Rosemeyer was killed while attempting to reclaim his speed record in 1938. Beinhorn lived to 100.

Beate Köstlin, who later became Beate Uhse and opened the world's first sex shop in Flensburg, also learned to fly at Rangsdorf. A pretty remarkable woman, she had an erotic museum in Berlin, but the building was knocked down for something more lucrative. Her empire survives.

The actor Heinz Rühmann kept his plane in a hangar at Rangsdorf, hangin' on, while his pal Ernst Udet, the second-highest scoring German flying ace of the First World War, also had a plane standing here. So too did the stunt pilot Gerd Achgelis.

European champion aerobatic flyer Liesel Bach was among many fearless fliers to win titles with the Rangsdorf-constructed Bü-133.

Once Germany invaded Poland in 1939, Rangsdorf took over from Tempelhof for six months as Berlin's main passenger airport. Lufthansa had flights to/from Danzig, Königsberg, Munich, Rome, Prague, Vienna, Bucharest, Athens, Istanbul

Nachdem Deutschland 1939 in Polen einmarschiert war, übernahm Rangsdorf die Rolle von Tempelhof und wurde für sechs Monate Berlins wichtigster Verkehrsflughafen. Die Lufthansa bot von dort aus Flüge nach und von Danzig, Königsberg, München, Rom, Prag, Wien, Bukarest, Athen, Istanbul, Kopenhagen und Stockholm an. Am 21. Januar 1941 wurde auch die Verbindung mit Moskau wieder aufgenommen.

Im Übrigen verlagerte sich der Fokus vom Sport auf den Krieg. Überall waren Kampfflugzeuge stationiert, ob in Berlin oder in der Nähe von Wünsdorf, wo sich das Hauptquartier des Oberkommandos des Heeres befand.

In der Zwischenzeit griff Bücker auf französische und sowjetische Zwangsarbeiter zurück, um weiterhin fliegende Kampfmaschinen am Fließband zu bauen. Die Fabrik hatte dabei nicht nur ihre eigenen Aufträge zu erfüllen, sondern musste auch noch anderen unter die Arme greifen. Sie baute den leisen und hinterlistigen Segler DFS 230, Tragflächen für das Sturzkampfflugzeug Junkers Ju 87, Leitwerke für das Jagdflugzeug Focke-Wulf Fw 190 und Teile für die funkgesteuerte

Copenhagen and Stockholm. A connection with Moscow was reestablished from Jan. 21, 1940.

Otherwise, the focus turned from sport to war. Fighter planes were everywhere, whether in Berlin or nearby Wünsdorf, home to Germany's army headquarters.

Meanwhile the Bücker factory was making use of French and Soviet forced labor to keep churning out those flying war machines. Not only did it have to fulfill its own orders but it had to help others too. It built the silent and sneaky DFS 230 glider, wings for the Stuka Junkers Ju 87 dive-bomber, tail panels for Focke-Wulf Fw 190 fighters, as well as parts for the radio-controlled Henschel Hs 293 glide-bomber, a predecessor to today's noble drones.

During the war, many aircraft from the Luftwaffe and German army were stationed here. So it was that one Oberst Claus Philipp Maria Schenk Graf von Stauffenberg flew off with Oberleutnant Werner von Haeften at 7am on July 20, 1944, with two bombs in briefcases for Adolf Hitler, who'd gone too far for their liking.

Gleitbombe Henschel Hs 293m, ein Vorläufer der heutigen vornehmen Drohnen.

Während des Krieges waren viele Flugzeuge der Luftwaffe und des deutschen Heeres in Rangsdorf stationiert. So kam es, dass am 20. Juli 1944 um 7 Uhr morgens ein Oberst Claus Philipp Maria Schenk Graf von Stauffenberg gemeinsam mit Oberleutnant Werner von Haeften von dort startete. Sie hatten zwei Aktentaschen mit Bomben im Gepäck, die bestimmt waren für Adolf Hitler, der ihrer Ansicht nach zu weit gegangen war.

Von Stauffenberg erreichte die Wolfsschanze im heutigen Polen. Es gelang ihm, eine der beiden Bomben scharf zu machen, für die andere blieb keine Zeit. Er stellte seine Aktentasche an den Tisch, an dem Hitler sein würde, trat zur Seite und wartete auf den Telefonanruf, der ihn entschuldigen sollte. Als der Anruf kam, bat er um Entschuldigung und ging, bevor die Explosion den Raum erschütterte. Das war's, dachte Stauffenberg, Hitler ist tot. Er sprang in sein Flugzeug, flog zurück nach Rangsdorf und verbreitete die gute Nachricht.

Von Stauffenberg got to the Wolfsschanze ("Wolf's Lair") in what's now Poland, managed to arm his bomb, but there wasn't time to set the other. He left his briefcase at the table where Hitler would be and stepped aside, waiting for the phone call that would excuse him. He made his apologies after it came, and left before the explosion ripped though the room. That was it, von Stauffenberg thought, Hitler's dead. He hopped on his plane, flew back to Rangsdorf and spread the good news.

Of course Hitler wasn't dead at all, but alive and majorly pissed off with all these developments. Someone had unwittingly moved the briefcase out of the way behind the table leg that saved him.

Hitler was pretty intolerant in normal circumstances, so you can imagine how he felt after someone tried to kill him. There followed a purge with everyone murdered, guilty and innocent, including von Stauffenberg and von Haeften. There was no let up to the killing. The war carried on, the dying continued.

Владимир БУТ
ТРАВА СОРОК ТРЕТЬЕГО ГОДА
Роман

СТРАТЕГИЯ НОВОЖИЛОВА

Орган
Центрального

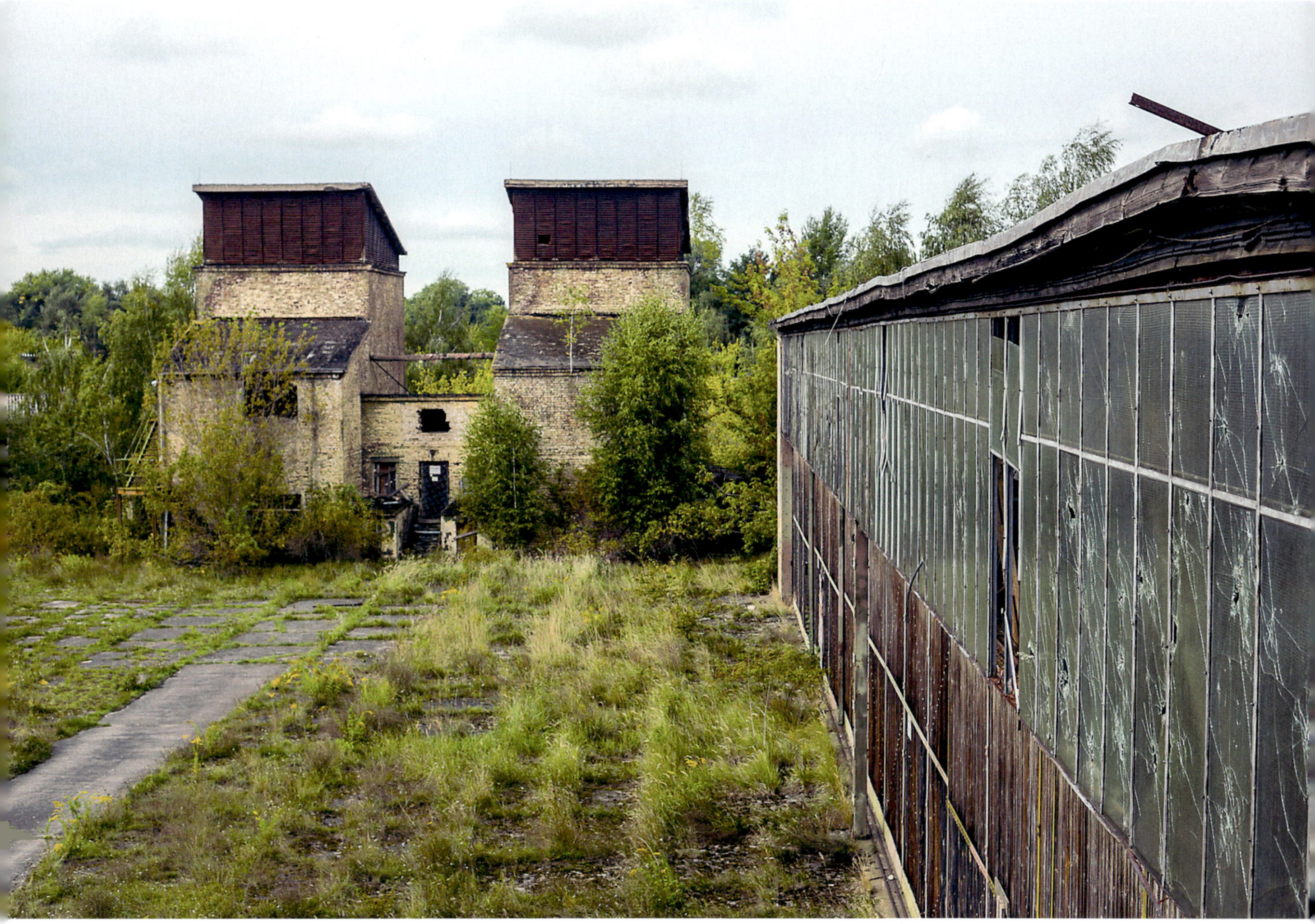

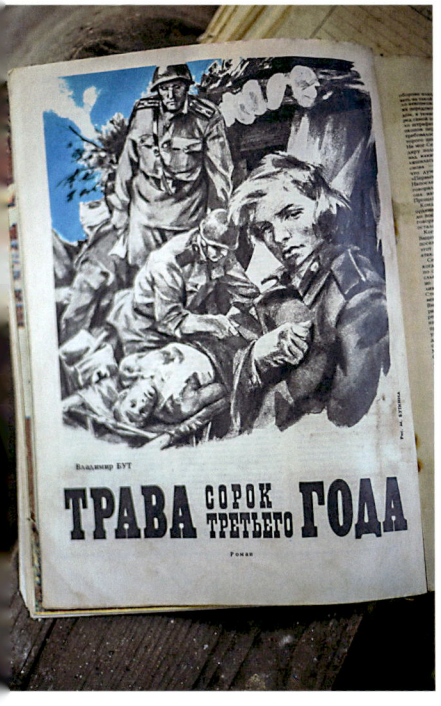

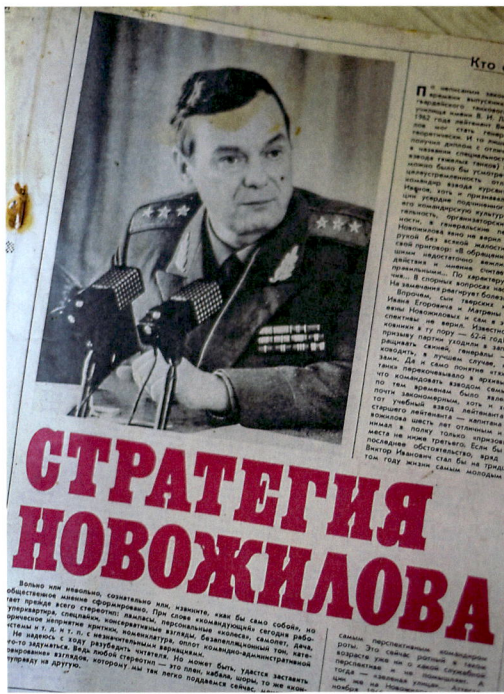

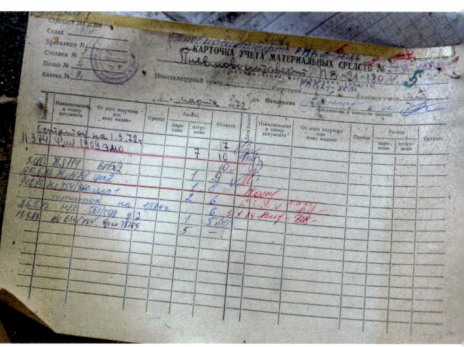

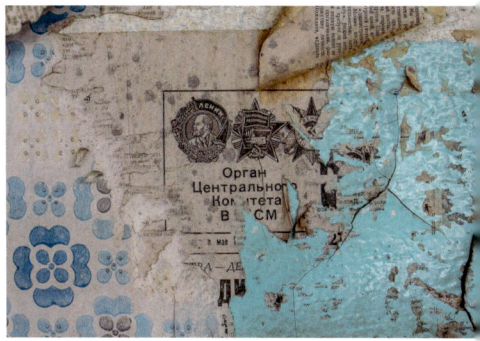

Doch natürlich war Hitler nicht tot. Er lebte und war stinksauer. Jemand hatte aus Versehen die Aktentasche aus dem Weg geräumt und hinter ein Tischbein geschoben, was ihm das Leben rettete. Hitler war schon unter normalen Umständen ziemlich intolerant, also kann man sich vorstellen, wie er sich fühlte, nachdem jemand versucht hatte ihn zu töten. Es folgte eine Säuberungsaktion, bei der jeder umgebracht wurde, ob schuldig oder nicht, auch von Stauffenberg und von Haeften. Damit war das Morden freilich nicht vorüber. Der Krieg ging weiter und mit ihm das Sterben.

Die Produktion in Rangsdorf wurde noch bis zum 20. April 1945 aufrechterhalten. Am Tag darauf flog die Luftwaffe nach Westen. Das Spiel war vorbei, die Schlinge zog sich zu. Die Rote Armee übernahm einen Tag später kampflos den Flugplatz. Am 30. April nahm sich Hitler nur einen Steinwurf von dem Ort entfernt, an dem von Stauffenberg erschossen worden war, das Leben.

Die Sowjets besetzten den Flugplatz Rangsdorf und nahmen die Bücker-Fabrik im August 1946 wieder in Betrieb.

Production at Rangsdorf continued until Apr. 20, 1945. The Luftwaffe flew west the following day. The game was up, noose tightening. The Red Army took over without a fight a day after that. On Apr. 30 Hitler took his own life. He did it just a stone's throw from where von Stauffenberg had been shot.

The Soviets occupied Rangsdorf after the war and put the Bücker factory works back into use from August 1946, overhauling and repairing aircraft piston engines initially, then jet engines, and then helicopters from the seventies. Training continued at the airfield till the mid-fifties.

A signal regiment of the Soviets' 16th Air Army was stationed here from 1955. The Russians knocked down some buildings and built others and stayed till 1994. By then the airfield was full of rubbish from other Soviet airfields cleared after German reunification, old aircraft and missile wrecks and things like that. Now only the stories remain.

Anfangs wurden hier noch Kolbenmotoren für Flugzeuge überholt und repariert, später dann Düsentriebwerke und ab den 1970er Jahren Hubschrauber.

Übungen wurden auf dem Flugplatz noch bis Mitte der 1950er Jahre abgehalten. Ab 1955 war hier ein sowjetisches Signalregiment der 16. Luftwaffe stationiert. Die Sowjets rissen einige Gebäude ab, bauten neue und blieben bis 1994. Zu diesem Zeitpunkt war der Flugplatz voller Müll anderer sowjetischer Flughäfen, die nach der deutschen Wiedervereinigung aufgelöst worden waren, alte Flugzeuge, Bombenwracks und solche Sachen. Heute bleiben nur noch die Geschichten.

Flugplatz Schönwalde

Ein Flughafen für Geister und Gänse

Airport left to ghosts and geese

Berlin hat mehr Flughäfen als Verstand. Die Stadt verheizt sie schneller, als der Durchschnittsberliner eine Flasche Sterni leeren kann. Wie weggeworfene Kronkorken verteilen sie sich über die Stadt – Zweck erfüllt, zack vergessen. Tempelhof, Oranienburg, Sperenberg, Friedrichsfelde, Johannisthal und Rangsdorf sind nur einige der Flughäfen, die Berlin ausrangiert hat. Ein weiterer, der auf die Liste gehört, ist der Flugplatz Schönwalde.

Der von den Nazis 1939 irgendwo im Nirgendwo nördlich von Berlin errichtete Flugplatz wurde von den Sowjets 1992 aufgegeben – ohne dass sie das Gelände wirklich als Flughafen genutzt hätten. Doch anschließend hat das Gelände noch viel weniger Zuwendung erfahren, es siecht dahin angesichts seines eigenen Untergangs und ächzt unter der Last der Nichtbeachtung und Enttäuschung.

Die Nazis waren ein hinterhältiges Pack und hatten von Anfang an nichts Gutes im Sinn. Schon ein Jahr nach der Machtübernahme 1933 gab es trotz der Auflagen des Versailler Vertrages geheime Pläne zur Errichtung eines Flugplatzes

Berlin has more airports than sense. It goes through them faster than your average Berliner goes through bottles of Sterni. They're scattered around the city like discarded bottle-caps, use fulfilled, quickly forgotten. Tempelhof, Oranienburg, Sperenberg, Friedrichsfelde, Johannisthal and Rangsdorf are just some of the airports Berlin has thrown away. Here's another to add to the list – Flugplatz Schönwalde.

Built by the Nazis in the middle of nowhere north of Berlin by 1939, the Flugplatz was abandoned by the Soviets in 1992 – not that they had made much use of it as an airfield. It has had even less love since, left to crumble in the gloom of its own decay, aching under the weight of disregard and disappointment.

The Nazis were a sneaky bunch, up to no good from an early age. One year after taking over in 1933, they already had secret plans in place to construct an airport to the southeast of Hennigsdorf in defiance of the Treaty of Versailles. That treaty prohibited a lot of military activity after World War I. Europe's history of treaties should prohibit it from making treaties.

südöstlich von Hennigsdorf. Der nach dem Ende des Ersten Weltkrieges geschlossene Vertrag sollte größere militärische Aktivitäten unterbinden. Angesichts von Europas Vergangenheit in Sachen Verträge sollte man es europäischen Staaten eigentlich verbieten, überhaupt irgendwelche Verträge zu schließen.

Das Reichsluftfahrtministerium (RLM) kaufte hier 1935 große Landflächen und ließ rasch hölzerne Baracken für die Arbeiter errichten, um ihnen so den Weg zur Arbeit zu verkürzen. Bis 1939 entstand ein kompletter Flughafen mit betonierter und beleuchteter Start- und Landebahn, Funkfeuer und mehreren Flugzeughallen. Er wurde an die Bötzow-Bahn, eine stillgelegte Linie zwischen Spandau und Bötzow, angeschlossen und verfügte über einige nahe gelegene Kasernen. Eine Küche, ein Casino und ein Schwimmbad wurden ebenfalls errichtet. Bis 1943 war der Sportflugplatz Henningsdorf, wie er ursprünglich hieß, eine Pilotenschule der Deutschen Luftwaffe. Erst als der Krieg in vollem Gange war, zog das 14. Luftcorps dort ein.

The Reichsluftfahrtministerium (RLM, Ministry of Aviation) bought large tracts of land here in 1935. It had wooden barracks constructed to house the workers, who got to work fairly promptly. By 1939 they had constructed a proper airfield featuring a concrete runway with lights, radio beacon and several hangars. There was also a rail connection to the Bötzowbahn, a since-abandoned line from Spandau to Bötzow, and to nearby barracks. A kitchen, casino and swimming pool were also built.

The Sportflugplatz Hennigsdorf – as it was originally known – became a pilot school for the German Luftwaffe up to 1943. The 14th air corps made it their home after that with the war underway.

Of course the Soviets took over once the swinging stopped. Troops from the 1st Belorussian Front took over without any resistance on Apr. 24, 1945. Hitler would kill himself six days later, not necessarily due to the loss of Flugplatz Schönwalde, but because he was upset all his dreams weren't realized.

Natürlich übernahmen die Sowjets den Flugplatz nach dem Kriegsende. Truppen der 1. Weißrussischen Front eroberten das Gelände am 24. April 1945 ohne Gegenwehr. Hitler sollte sich sechs Tage später umbringen – weniger, weil er den Flugplatz verloren hatte, sondern vielmehr, weil all seine Träume geplatzt waren.

Und auch die Träume des Flugplatzes Schönwalde, ein richtiger Flughafen zu werden, gingen den Bach runter. Er lag in einer der Einflugschneisen West-Berlins und war deshalb für die Sowjets als Flugplatz nicht wirklich brauchbar, denn sie hätten die westliche Flugsicherung über jede ihrer Bewegungen informieren müssen. Außerdem war die Start- und Landebahn nicht lang genug für die immer beliebter werdenden Düsenflugzeuge.

Damit war das Ende des Flugplatzes Schönwalde besiegelt. Die Sowjets zogen einfach den Stecker, so als würde man einem Schmetterling die Flügel wegnehmen, einem Fisch die Kiemen oder einem Berliner seine Sterni-Flaschen. Bis Mitte der 1950er Jahre waren hier die ersten sowjetischen Düsenjets

Flugplatz Schönwalde's dreams as an airport were denied too. Because it was in one of the air corridors into West Berlin, it couldn't really be used by the Soviets as an airfield once the dust settled after World War II. They would have had to inform western flight control operators of their movements. Not only that, but the runway wasn't long enough for the increasingly popular jet-propelled aircraft.

So they killed it. They pulled the plug on aviation at the airport, like denying a butterfly its wings, a fish its gills, or a Berliner its bottles of Sterni. They only used it as an airfield till the mid-1950s, when the first Soviet jet aircraft were stationed here. There was a helicopter here till 1965, but from then on it was only used by ground troops. The airport was grounded.

It still is. A flock of geese was resting where the planes no longer land. At least they were making use of the runway. They looked at me and I at them. Then, once they saw me reaching for my camera, they took off. Gone! I followed them with my lens but it was a wild goose chase, hopeless. You've more chance of catching the ghosts of long departed airmen.

stationiert und bis 1965 gab es einen Hubschrauber, danach wurde das Gelände nur noch von Bodentruppen genutzt. Der Flugplatz wurde zu einem Bodenplatz. Und das ist er bis heute. Eine Gänseschar machte dort Pause, wo einst Flugzeuge lande-ten. Wenigstens nutzten sie die Landebahn noch. Sie schauten mich an und ich sie. Als sie sahen, dass ich nach meiner Kamera griff, hoben sie ab. Weg! Ich folgte ihnen mit dem Objektiv, aber vergebens. Eher noch fängt man hier die Geister längst verstorbener Piloten.

Flugzeughallen Karlshorst

Stille Hallen

Silent halls

Jetzt ist es hier leise, viel leiser als zu der Zeit, als dreiste Flugzeuge in und außerhalb der Flugzeughallen dröhnten und die Aufmerksamkeit auf sich zogen, wie solche Maschinen es eben tun.

Die Glanzzeit der Fliegerstation Berlin-Friedrichsfelde in Karlshorst liegt schon eine Weile zurück. Und auch die sechs Flugzeughallen mit ihren 16 charakteristischen Kuppeldächern (früher waren es 18) haben, so scheint es, ihre besten Tage hinter sich. Ihre Zeit ist vorbei, ihre Zukunft ungewiss. Alles um sie herum wurde bereits in Wohnungen verwandelt.

Die Hangars wurden 1916/17 nach Plänen von Josef Rank für die ehemalige Fliegerstation Berlin-Friedrichsfelde errichtet, schreibt Christina Czymay vom Landesdenkmalamt Berlin, in einem Aufsatz zu den Flugzeughallen.

1917 wurde eine eingleisige Eisenbahnstrecke gebaut, um den Flugplatz Kaulsdorf vom Nordosten aus erreichbar zu machen. Zeitungen berichteten, dass Tag und Nacht Güterzüge die Strecke entlangrollten und bereits eine zweite Linie in Planung gewesen sei. Wie auch immer, die Bahnpreise stiegen

It sure is quiet now, a lot quieter than before when brash planes used to roar in and out of the Flugzeughallen, commanding attention like the attention-seeking machines they were.

It's been a while since their glory days at Fliegerstation Berlin-Friedrichsfelde in Karlshorst. The six Flugzeughallen with their 16 distinctive domed canopies (there used to be 18) are done too, it seems. Their time has passed, their future insecure. All around them is being converted to apartments.

The hangars were constructed to Josef Rank's plans between 1916–17 for the former Fliegerstation Berlin-Friedrichsfelde, Christina Czymay of the Berlin Monument Authority wrote in a paper about the buildings. A single-track railway line was built to service the airfield from Kaulsdorf to the northeast in 1917. Newspapers reported at the time that freight trains were running day and night and that a second line could be built. However, rail fares became too expensive and it all came to nothing. The underused track was eventually done away with in the early 1930s.

und aus all dem wurde nichts. Das brachliegende Gleis wurde schließlich zu Beginn der 1930er Jahre wieder entfernt.

Das Gelände war zuvor von Siemens-Schuckert als Produktionsstätte für Zeppeline genutzt worden. Ab 1907 baute und testete Wilhelm von Siemens hier Luftschiffe. Man sprach vom Flugplatz Biesdorf und dem Flughafen Karlshorst, aber wir bleiben der Einfachheit wegen bei dem Namen Fliegerstation Friedrichsfelde. Später wurde der Ort als Militärflugplatz Friedrichsfelde bekannt.

Während die meisten Hangars zu jener Zeit aus Holz oder Eisen gebaut wurden, bestanden jene in Friedrichsfelde aus Stahlbeton. Diese Bauweise stand noch am Anfang und so sind die Flugzeughallen ein wichtiges architektonisches Relikt der Luftfahrtgeschichte, insbesondere der militärischen.

Czymay weist in ihrem Aufsatz darauf hin, dass der Erhalt der Hangars umso wichtiger ist, da vergleichbare Anlagen in Döberitz und Jüterbog nach dem Ersten Weltkrieg infolge des Versailler Vertrags (1919), der Deutschland den Einsatz von militärischen Flugzeugen verbot, abgerissen wurden.

The land was previously used by Siemens-Schuckert for building airships. Wilhelm von Siemens began constructing and testing airships here in 1907. People spoke of "Flugplatz Biesdorf" (Biesdorf Airfield) and "Flughafen Karlshorst" (Karlshorst Airport) but let's just stick with "Fliegerstation Berlin-Friedrichsfelde" for simplicity's sake. Later it became known as "Militärflugplatz Friedrichsfelde" (Friedrichsfelde Military Airfield).

Apparently the hangars feature a remarkably early use of reinforced concrete – in contrast to most hangers at the time that were constructed using wood or iron – and they provide important architectural relics of aviation history, particularly that of military aviation.

Czymay suggests in her paper on the Flugzeughallen that the hangars' preservation is even more important as similar facilities at Döberitz and Jüterbog were deconstructed after the First World War because of the Versailles Treaty (1919), which prohibited Germany's use of military aircraft. The Karlshorst hangars survived, though they were quiet for a

Die Hangars in Karlshorst überlebten, auch wenn es eine Zeitlang ruhig um sie wurde, bis die Nazis das Gelände übernahmen und sein militärisches Erbe mit dem Bau der Pionierschule in der Zwieseler Straße wieder aufleben ließen. Fast 20 Gebäude wurden errichtet, das Hauptgebäude mit Klassenräumen und ein großes Auditorium inbegriffen. Es gab auch Freizeitanlagen mit einem Schwimmbad und einer Reitschule sowie Garagen für die Fahrzeuge. Der Unterricht wurde am 1. April 1937 aufgenommen.

Im Anschluss an den folgenden Krieg besetzten natürlich die Sowjets das Areal und machten sich die Anlage der Nazis zunutze, indem sie dort das Hauptquartier der Sowjetischen Militäradministration in Deutschland einrichteten. Die Stasi und die deutsche Abteilung des KGB sollen dort Standorte gehabt haben. Wer weiß das schon. Wikileaks hat die Karlshorster Kabel bislang nicht enthüllt.

Ich bin nicht sicher, was die Sowjets in dieser Zeit mit den Flugzeughallen taten, vielleicht nutzten sie diese sogar. In jedem Fall wurden sie verlassen, als die Truppen 1994 abzogen.

while, until the Nazis took over and revived the area's militarial tendencies by constructing the Pionierschule (Pioneer school) at Zwieseler Straße. Nearly 20 buildings were constructed, including the main building with classrooms and a large auditorium. There were also sports facilities including a swimming pool and riding school, as well as garages for motorized vehicles. Lessons began on April 1, 1937.

The Soviets took over after the next war of course, and they made good use of the Nazis' facilities, turning Karlshorst into their military administration HQ for Germany. There's talk of the Stasi and the German wing of the KGB having facilities here. Who knows? Wikileaks haven't released the Karlshorst Cables yet.

I'm not sure what the Soviets did with the Flugzeughallen in this time, perhaps they even used them, but they left them anyway once they departed in 1994.

Czymay said that the Karlshorst hangars' preservation wasn't guaranteed, despite their protected status. It seems "Denkmalschutz" really is a toothless tiger.

Laut Czymay ist der Erhalt der Karlshorster Hangars nicht gesichert, obwohl die Hallen unter Denkmalschutz stehen. Der Denkmalschutz scheint wirklich ein zahnloser Tiger zu sein. Das Brüllen des Tigers scheint jedenfalls wirkungslos, denn es gibt Pläne, das historische Areal mit Wohnungen zu bebauen und in die »Gartenstadt Karlshorst« einzugliedern, die Anspruch auf das Gelände erhebt. Nichts ist heilig. Aber noch halten die Flugzeughallen durch.

Despite the tiger's worthless roars, there are plans to convert the historical hangars into apartments as part of the "Gartenstadt Karlshorst" housing complex that's consuming the area. Nothing is sacred. But the hangars are still hanging on for now.

Freibad Lichtenberg und BVG-Stadion

Schwimmen verboten　　　　　　　　Swimming prohibited

Mit dem Sommer kommt die Berliner Wurst. Geht man in eins der städtischen Freibäder, empfängt einen der Geruch von gegrillter Bratwurst und ein Meer rotgesichtiger Berliner, die sich im Bäder-Chaos sonnen und stolz ihre schwabbeligen Bierbäuche, haarigen Achselhöhlen, verschwitzen Brustwarzen und vieles mehr präsentieren. Überfütterte schreiende Kinder wuseln um das Becken herum und plantschen in dem siedenden Eintopf aus menschlichem Fleisch, um die authentische Berlin-Erfahrung zu vervollständigen.

Doch einige Freibäder bleiben von der jährlichen Invasion der zuckenden Masse verschont. Sie haben ihr Soll erfüllt und können sich nun in mehr oder weniger ungestörter Verlassenheit von den Torturen erholen.

Wer im BVG-Freibad in Lichtenberg schwimmen will, müsste sein Wasser mitbringen. Es ist verlassen, seit Ende der 1980er Jahre der Stöpsel gezogen wurde, und es verbrachte friedlich seinen Ruhestand, bis Bagger es 2018 endgültig zerstört haben. Ungeachtet seiner historischen Bedeutung war der Bezirk Lichtenberg nicht daran interessiert, es zu schützen.

Summer brings out the Wurst of Berlin. Go to any of the city's outdoor swimming pools on a hot day and you'll be confronted by the scent of grilled Bratwurst and a sea of red-faced Berliners sunbathing around chaotic Freibäder, proudly displaying flabby beer bellies, hairy armpits, sweaty nipples and more. Overfed screaming kids scurry around the perimeters, splashing in and out of the simmering stew of human flesh to complete the authentic Berliner experience.

But some outdoor pools were spared the annual invasion of the quivering masses. Some Freibäder served their time and were left to recover from their ordeal in the relative peace of abandonment.

You had to bring your own water if you wanted to go swimming at the BVG-Freibad in Lichtenberg. It was abandoned after the plug was pulled in the late 1980s and survived its retirement peacefully until the diggers finally destroyed it in 2018. Despite its historical importance, Lichtenberg Bezirk wasn't interested in preserving it.

Back in DDR times, the East Berliners used to use the pool

Während der DDR-Zeit hatten die Ost-Berliner im Schwimmbad ausgelassen herumgetollt und geplantscht. Noch früher war das Schwimmbad von ausländischen Schwimmern genutzt worden, um für die Olympiade 1936 zu trainieren, und von einheimischen (vermute ich), um sich auf die Olympischen Spiele 1932 vorzubereiten. Die fanden in Los Angeles statt, daher meine Annahme. Nach dem Krieg wurde dort nicht mehr geschwommen, bis die ostdeutschen Behörden das Schwimmbad in den 1970er Jahren wiedereröffneten.

Das Freibad war 1928 als Ergänzung für das benachbarte BVG-Stadion erbaut worden, das einigermaßen verwirrend auch als BVB-Stadion bezeichnet wird. Es ist nicht zu verwechseln mit dem BVB-Stadion in Dortmund, dem größten Deutschlands, das in einem deutlich besseren Zustand ist als dieses hier war. Es wurde von einem Netz zusammengehalten wurde, das buchstäblich dessen letzter Halt war, bevor es 2015 abgerissen wurde.

Das Stadion hatte man 1920 errichtet. Seinen Namen erhielt es 1928, in dem Jahr, in dem sich die Berliner Verkehrs-

for casual frolicking, splish-splashing and general water-based merriment.

Freibad Lichtenberg was once used by foreign swimmers to train for the 1936 Olympics and by native swimmers (I assume) training for the 1932 games. Those were the Los Angeles games, hence the assumption. There was no swimming at all after the war until the East German authorities reopened it again in the 1970s.

The Freibad was built in 1928 to complement the neighboring BVG-Stadion, also known somewhat confusingly as the BVB-Stadion. There's another BVB stadium in Dortmund of course, the biggest in Germany, but it's in much better condition than this one was, held together by a net. It was literally the BVG-Stadion's last stand before that was destroyed too in 2015.

The stadium, which was built in 1920, got its name in 1928 when the city transportation authority Berliner Verkehrsbetriebe (BVG) was formed and took it over. Evidently they were football fans and they wanted their own stadium. If you ever

Das Ballspielen innerhalb
des Bades u. das Übertreten
der Fußrinne mit Schuhen
ist nicht gestattet!

betriebe (BVG) gründeten – und das Stadion übernahmen. Offensichtlich waren das Fußballfans, die ihr eigenes Stadion wollten. Wenn ihr jemals versucht habt, in der U-Bahn Fußball zu spielen, dann wisst ihr, warum.

Ende des Zweiten Weltkriegs waren hier Fliegerabwehreinheiten stationiert und es wurde ein Munitionslager eingerichtet. Beides wirkte wie ein Magnet auf die Soldaten der Roten Armee, die auf der Frankfurter Allee vorrückten. Es regnete Bomben, insbesondere, da sich nebenan ein Industriegelände befand. Die alten Flaktürme wurden in Schutt und Asche gelegt.

Nach dem Krieg gründete sich 1949 der Sportverein Berliner VG 49, in dem bis heute Handball, Fußball, Leichtathletik, Kegeln, Volleyball und dergleichen gespielt wird.

Im Zuge der Teilung Berlins in Ost und West wurde auch die BVG geteilt. Die ostdeutsche Version wurde 1969 zum VEB Kombinat Berliner Verkehrsbetriebe (BVB), der dem BVB-Stadion seinen Namen verpasste. Also nix mit Borussia Dortmund. Alle DDR-Firmen trugen den Namen VEB irgendwas,

tried playing football matches in a U-Bahn, you'd understand why.

German army anti-aircraft forces were stationed here toward the end of the war when it became home to a munitions storage facility. This became a magnet for Red Army soldiers advancing along Frankfurter Allee. The bombs rained down, particularly as there was also an industrial area beside it. The old flak towers ended up covered in rubble.

After the war, in 1949, it became home to the newly formed SV Berliner VG 49 sports club, who persist with handball, football, athletics, bowling, volleyball and the likes to this day.

Due to the division of East and West Berlin, the BVG was split as well, with the eastern version becoming the VEB Kombinat Berliner Verkehrsbetriebe (BVB) in 1969. Hence the BVB stadium name. Nothing to do with Borussia Dortmund.

All the companies in the DDR were called VEB something or other, VEB meaning Volkseigener Betrieb or Publicly Owned Operation. Kombinat meant Group, so effectively the BVB was the Berlin transport authority as a publicly owned group.

wobei VEB für Volkseigener Betrieb stand. Und Kombinat bedeutet ja Gruppe, also war der BVB der Berliner Verkehrsbetrieb als eine volkseigene Gruppe.

Bei Sanierungsarbeiten Ende der 1990er Jahre fand man mehr als fünf Tonnen Munition und eine 250-Kilogramm-Bombe, die entschärft werden musste. Kein Wunder also, dass die Atmosphäre bei den Spielen explosiv gewesen war.

Heute ist das nicht mehr so. Die Tribüne im Stadion ist weg und das Freibad wurde durch Volleyball- und Badmintonfelder ersetzt. Als hätte es das alles nie gegeben.

They did work to restore the stadium in the late 1990s, when they found more than five tons of munitions and a 250kg bomb that had to be defused. No wonder there was an explosive atmosphere at games.

But it's not the same anymore. The stadium stand is gone and the Freibad has been replaced by a couple of volleyball and badminton courts. As if it never existed at all.

Fürstenberg

Übrig gebliebene Lenins

Leftover Lenins

Als er 1917 heimlich durch Deutschland rollte, konnte er schwerlich ahnen, dass die steinernen Statuen, die ihm zu Ehren hier aufgestellt werden sollten, rund 100 Jahre später unter dem begraben liegen würden, was von dem Land noch übrig war.

Wladimir Iljitsch Uljanow war mit dem Segen der deutschen Regierung, die sich damals im Krieg mit Russland befand, auf der Rückreise nach Petrograd, nachdem er von der Februarrevolution in seinem Heimatland und der Abdankung von Zar Nikolaus II. gehört hatte. Das war das Ende des russischen Imperiums.

Die Deutschen erkannten, dass dieser Emporkömmling, besser bekannt als Lenin, nützlich sein könnte. Der Erste Weltkrieg war noch in vollem Gange und ihnen war jedes Mittel recht, um den Feind im Osten zu destabilisieren. Daher arrangierten sie für ihn und seine Gefolgschaft die Reise in einem diskret gesicherten »plombierten« Wagen, der später von Lenin als »extraterritoriale Einheit« beschrieben wurde, von Zürich in der Schweiz bis nach Saßnitz auf der Insel Rügen.

Little could he have known as he made his way surreptitiously through Germany in 1917 that stone statues in his honor would be discarded in what remained of the country some 100 years later.

Vladimir Ilyich Ulyanov was traveling back to Petrograd with the blessing of the German government, then at war with Russia, after hearing of the February Revolution and resulting abdication of Tsar Nicholas II in his native land. It was the end of the Russian Empire.

The Germans recognized that this upstart, better known as Lenin, could be useful in destabilizing their enemy to the east – World War I was still raging – and so they arranged travel for him and his entourage in a diplomatically-sealed train, described later by Lenin as an "extraterritorial entity," from Zürich in Switzerland to Sassnitz on the island of Rügen.

From Sassnitz he caught the ferry to Sweden and made his way to the north of the country where he crossed into Finland – still Russian at the time (though not for much longer) – down via Helsinki back to Petrograd, as St. Petersburg was

Von Saßnitz aus nahm er die Fähre nach Schweden und machte sich auf den Weg in den Norden des Landes. Er durchquerte Finnland – das damals (wenn auch nicht mehr lange) noch zu Russland gehörte – und gelangte über Helsinki nach Petrograd, wie Sankt Petersburg damals hieß. Mit Ausbruch des Krieges war die Stadt umbenannt worden, um die deutschen Wörter »Sankt« und »Burg« loszuwerden.

Zurück in Petrograd rüttelte Lenin seine Bolschewiken auf und rief zu einer weiteren Revolution auf. Er verließ die Stadt wieder, kehrte zurück, reiste abermals ab, während behauptet wurde, er sei ein Strohmann der Deutschen, dann kehrte er erneut zurück, um die Oktoberrevolution anzuführen. Dieser Kerl konnte nicht stillsitzen. Die Bolschewiken übernahmen die Führung, der Rest ist Geschichte, wie man so schön sagt. Wer weiß, was passiert wäre, wenn die Deutschen ihn nicht unterstützt hätten. Lenin schaute sich die deutsche Landschaft an, als der Zug nach Norden rollte. Er war nicht wörtlich plombiert. Lenin konnte sicher nicht ahnen, dass auch das Deutsche Reich im Jahr darauf sein Ende finden würde.

then known. It had been renamed with the outbreak of the war to remove the German words Sankt and Burg.

Back in Petrograd, Lenin roused his Bolsheviks and called for another revolution, left, returned, left again amid claims he was a German stooge, then returned again to lead the October Revolution. That fella couldn't sit still. The Bolsheviks took over and the rest, as they say, is history. Who knows what would have happened if the Germans hadn't assisted him?

Lenin was able to observe the German countryside as the train trundled northwards. It wasn't literally sealed. But surely he could not have foreseen that the German Empire would also meet its end the following year.

Today, Lenin's stone likenesses attest to the craziness of it all. They're scattered in various places in and around Berlin, not as numerous as they once were. Two fine examples can be found in Wünsdorf, and there are a few more in Fürstenberg, where one in particular seems to be awaiting the return of his comrades, clutching a note in his right hand, a look of puzzlement on his face.

Heute bezeugen Lenins steinerne Ebenbilder diesen ganzen Wahnsinn. Sie stehen in und um Berlin verstreut, allerdings nicht so zahlreich, wie das früher einmal war. Zwei hübsche Beispiele findet man noch in Wünsdorf und einige weitere in Fürstenberg, wo vor allem eines auf die Rückkehr seiner Genossen zu warten scheint – mit der rechten Hand einen Zettel umklammernd und mit einem Ausdruck von Verwirrung im Gesicht.

Jahre nach seinem Tod brachten seine Nachfolger Lenin wieder zurück nach Deutschland, sie hielten die DDR für ein langlebiges Projekt. Das sowjetische Militär hatte überall Kasernen errichtet und Lenin-Statuen waren allgegenwärtig. Am Ende gab es die DDR nur 40 Jahre lang, bevor sie von ihren eigenen Bürgern abgewählt wurde.

Lenin sieht aus, als könne er sich immer noch nicht mit dieser Entscheidung anfreunden. Er wartet vor dem Haus der Offiziere, einem der letzten unberührten sowjetischen Gebäude in Fürstenberg. Die meisten wurden von Investoren in Beschlag genommen und in Wohnhäuser für deutsche Familien umge-

Years after he died, Lenin's successors brought him back to Germany for what they assumed was the long haul. The Soviet military had barracks dotted everywhere and Lenin statues were ubiquitous. In the end, the German Democratic Republic (DDR) lasted only 40 years before it was voted out of existence by its own representatives.

Lenin looks like he still hasn't come to terms with the decision. He waits in front of the Haus der Offiziere – the officers' house – one of the few remaining untouched former Soviet buildings in Fürstenberg. Most have been commandeered by investors and converted into German family homes. Maybe Lenin would approve. The proletariat needs somewhere to live after all.

Fürstenberg was home to the Soviet 2nd Guards Tank Army – 25,000 Red Army soldiers. They set up tank barracks, chemical warehouses and clothing warehouses, while the 24 houses that once housed SS guards on the shores of the Röblinsee were used by Russian officers. But the only army Lenin has there now is the army of ravenous mosquitoes that attacks

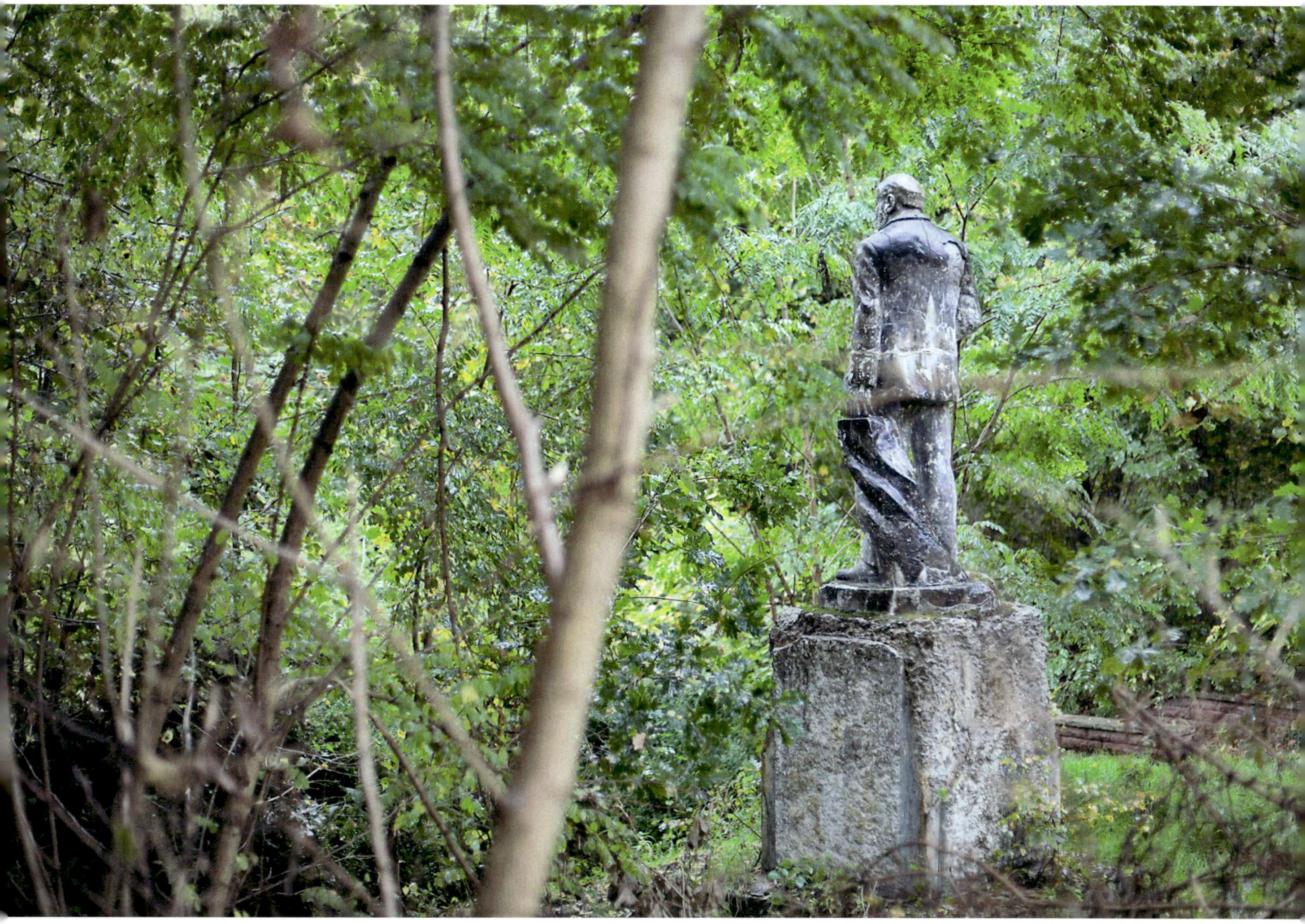

№ 234 (19918) Пятница, 10 октября 1986 года Цена 3 коп.
Фото А. Прохорова.
Изнанка показухи

в Германии
П Р И К
Министра оборо

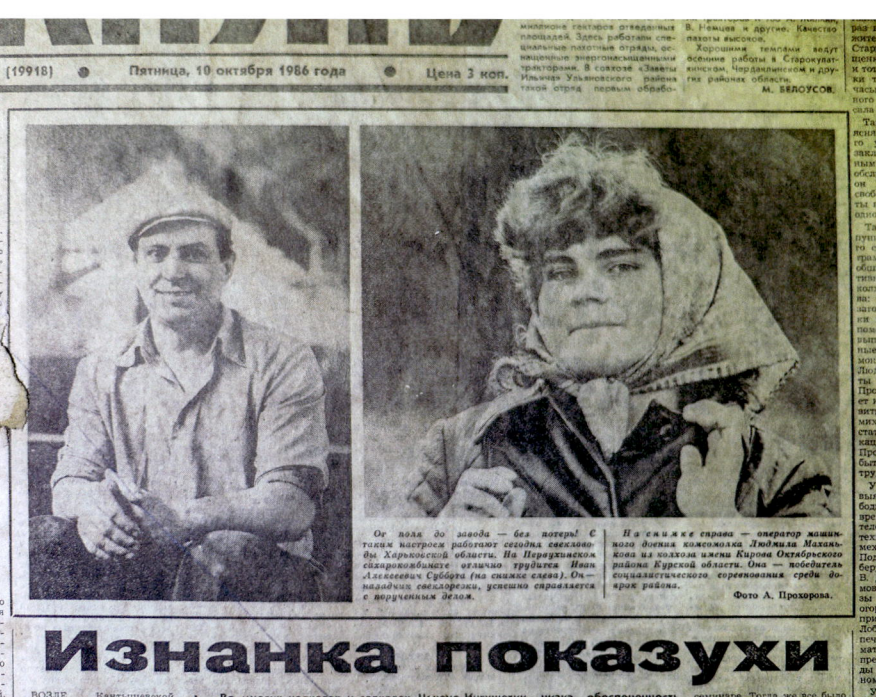

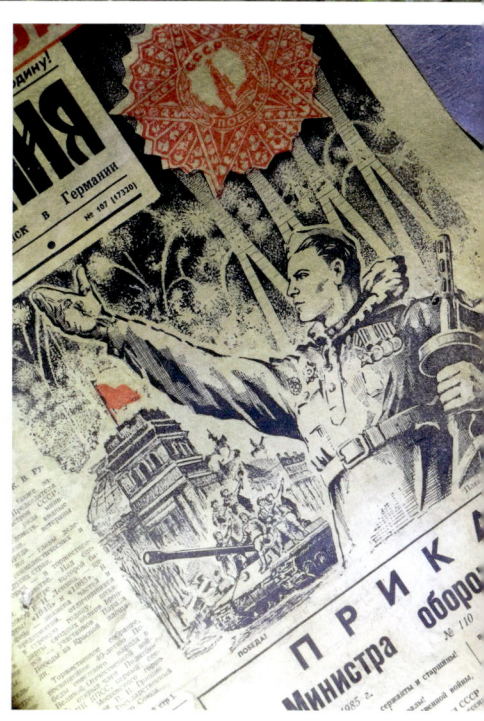

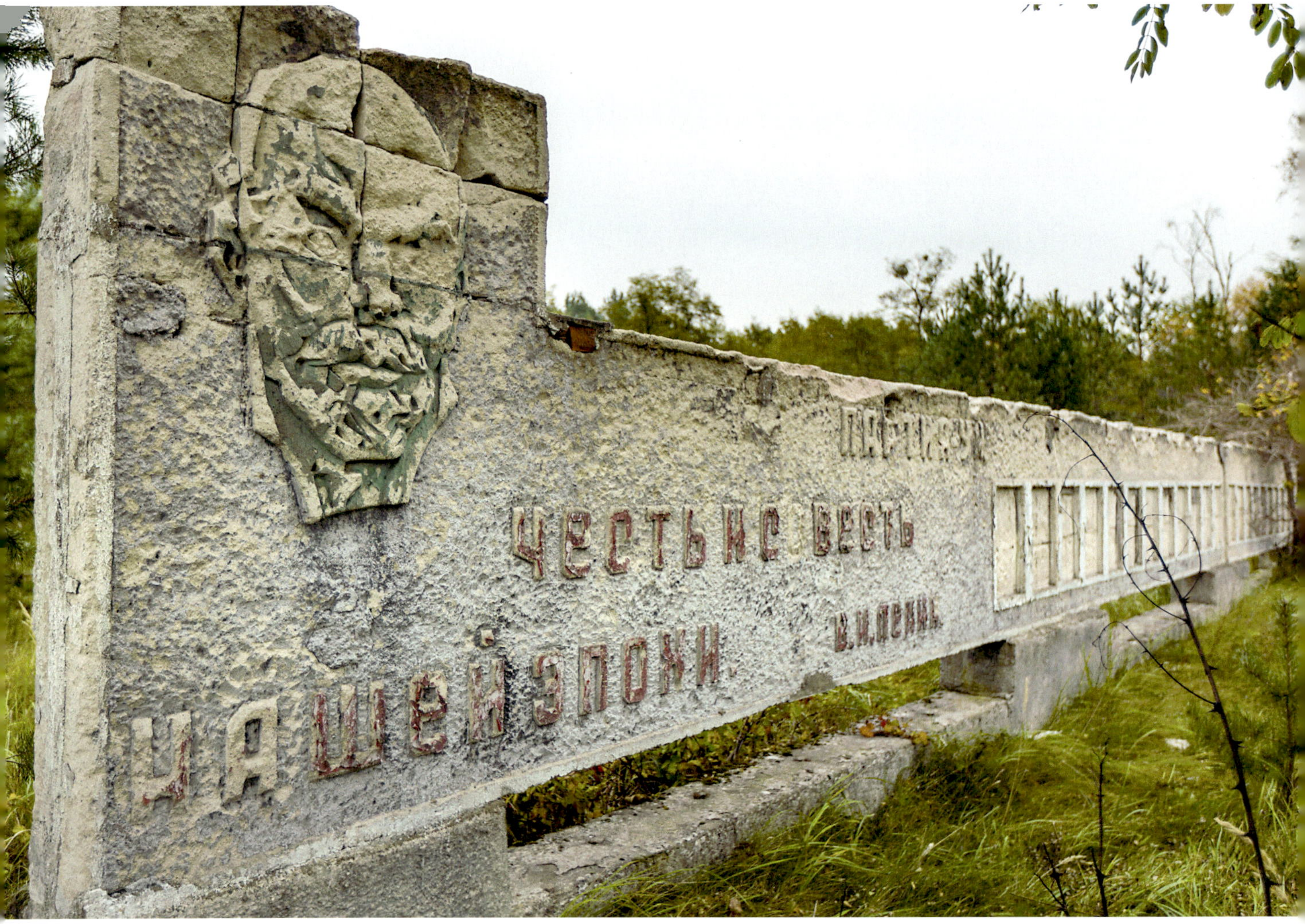
ПАРТИЯ
ЧЕСТЬ И СОВЕСТЬ
НАШЕЙ ЭПОХИ.
В.И.ЛЕНИН.

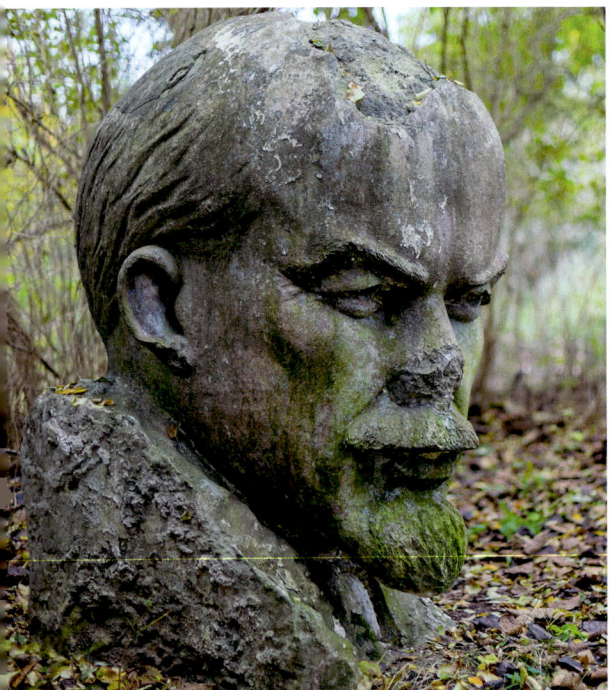

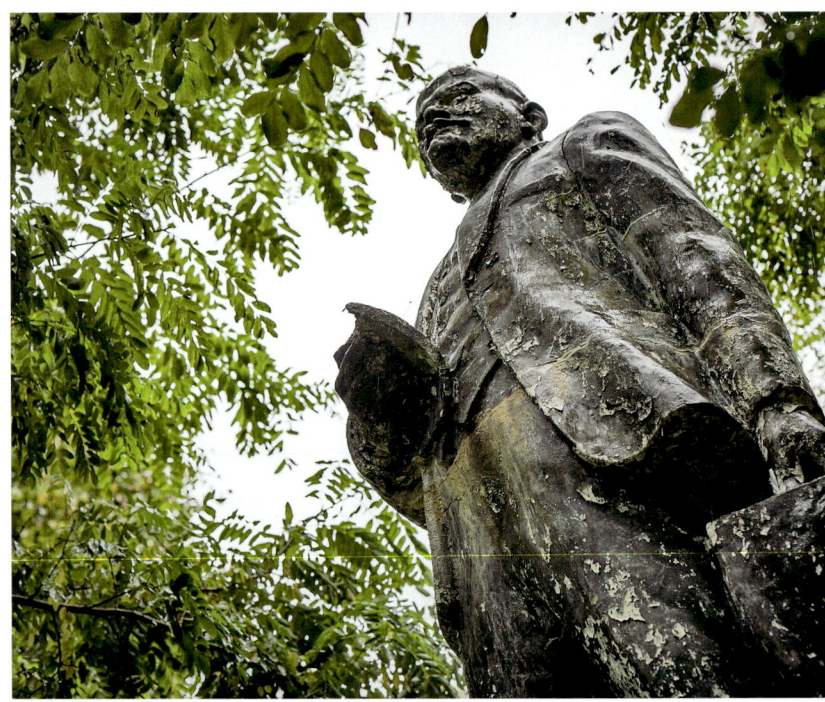

wandelt. Vielleicht hätte Lenin das sogar befürwortet. Immerhin muss das Proletariat ja irgendwo wohnen. In Fürstenberg war die 2. Garde-Panzerarmee stationiert – 25.000 Soldaten der Roten Armee. Sie errichteten Kasernen sowie Chemie- und Kleidungslagerhäuser, während die 24 Gebäude am Ufer des Röblinsees, in denen einst SS-Leute untergebracht waren, von russischen Offizieren genutzt wurden. Die einzige Armee, die Lenin heute noch dort hat, sind gierige Mücken, die jeden angreifen, noch ehe er die Möglichkeit hat, sich auszuweisen.

Es waren wohl nicht allzu viele Besucher dort, seit die letzten Russen und andere frühere Sowjets 1993 abgezogen sind. Sie überließen das Haus der Offiziere und die dahinterliegenden Kasernen dem Verfall. Seit Jahren schälen sich nun die Tapeten von den Wänden und lassen die Zeitungen darunter zum Vorschein kommen. Einige davon feiern seit 40 Jahren den heldenhaften Sieg über die Faschisten, melden Einzelheiten über einen großen Festzug auf dem Roten Platz und loben den Mut, die Tapferkeit und schlicht die schiere Herrlichkeit des sowjetischen Volkes, der Roten Armee und aller,

before you've had a chance to declare your credentials. There haven't been too many visitors since the last Russians and other former Soviets left in 1993.

They left the Haus der Offiziere and the barracks behind it to crumble in the intervening years, wallpaper flaking off to reveal the newspapers beneath. Some were celebrating 40 years since the heroic victory over the fascists with details of a great parade on Red Square, praising the courage, bravery and sheer general wonderfulness of the Soviet people and the Red Army and anyone in between.

If you need to catch up on the news from the 80s, just head to one of their old military barracks – they're all plastered from top to bottom with patriotic newspapers from the Soviet Union. This is how you can still come face to face with heroes like Ivan and Lyudmila.

"From the field to the factory – without waste! This is the current attitude of the beet growers working in the Kharkiv region today," the caption says.

"At the Pervyhinskov plant, Ivan Alekseevich Sybbota is

die damit zu tun hatten. Wenn Sie die Nachrichten aus den 1980er Jahren nachlesen möchten, gehen Sie einfach zu einer dieser alten Kasernen – sie sind allesamt von oben bis unten zugepflastert mit patriotischen Nachrichten aus der Sowjetunion. Dort können Sie Helden wie Ivan und Lyudmila noch immer begegnen: »Vom Feld in die Fabrik – ohne Verlust! Das ist die aktuelle Haltung der Rübenzüchter in der Region um Charkiw«, titelt eine Schlagzeile.

»Ivan Alekseevich Sybbota arbeitet im Betrieb Pervyhinskov. Er ist dafür zuständig, die Beete zu stutzen, und erledigt seine Aufgaben erfolgreich.« – »Rechts im Bild ist Melkmechanikerin und Mitglied der Jugendorganisation Komsomol Lyudmila Mahankova von der Kolchose Kirov Oktyaborskogo in der Region um Kursk zu sehen. Sie ist die Gewinnerin eines regionalen sozialistischen Melkerinnenwettbewerbs.«

Für die Sowjetunion nicht weniger wichtig als Ivan oder Lyudmila warten sie noch immer gemeinsam mit Lenin in Fürstenberg und alle halten den Atem an, um zu sehen, was als Nächstes geschehen wird.

laboring away. He is in charge of cutting beets, and successfully completes his given tasks."

"In the picture on the right is the operator of mechanic milking and Komsomol (a youth organization controlled by the Communist party) member Lyudmila Mahankova from the collective farm in the name of the Kirov Oktyaborskogo, within the Kursky region. She is a winner of the socialist milkmaid competition held in the area."

No less important to the Soviet Union than Lenin was, Ivan and Lyudmila still wait with him now in Fürstenberg, all holding their breath to see what happens next.

Güterbahnhof Pankow

Endstation Rangierhof

End of the line for the railroad yard

Im Güterbahnhof Pankow wird keine Bahn mehr ankommen – dieser Zug ist längst abgefahren. Selbst die Schienen sind weg, sie wurden entfernt, damit die Waggons, die hier einmal durchrollten, keine Lust bekommen, noch einmal einzufahren. Ja, die trubeligen Tage sind vorüber und die Gebäude, die überlebt haben, weinen ihnen nach, während sie in der Schmach des Verlassenseins verblassen und zerfallen.

Die noch vorhandenen Gebäude sind innen hohl und leer. Sie wünschen sich die Hektik wieder herbei und wollen nicht wahrhaben, dass ihr Lebenselixier die Güterwaggons sind, die kommen, um beladen werden. Wie sehr müssen sie sich nach ihren Zügen sehnen! Die S-Bahn rauscht noch von Zeit zu Zeit vorbei und hält mit all ihrem Tuten und Pfeifen nebenan am S-Bahnhof Pankow-Heinersdorf. Doch das macht es für den einst so stolzen Güterbahnhof nur noch schlimmer und so schaut er von Missachtung erfüllt und voller Eifersucht, selbst nicht erwünscht zu sein, herüber. Passagiere, pfff!

Der Bahnhof verrottet einfach. Nichts funktioniert mehr und nichts wird repariert. Die Drehscheibe für die Züge dreht

The only trains left at the Güterbahnhof Pankow are the trains of thought. Even the tracks are gone, taken away lest the carriages that once trundled through feel like trundling through again. Yes, their trundling days are over, and the surviving buildings mourn their absence even as they crumble and fade into the ignominy of abandonment.

Now the ones that remain are hollow and empty inside, starved of the hustle and bustle they crave, denied their lifeblood of freight cars coming to be loaded. How they must long for their trains!

The S-Bahn still whizzes by from time to time, stopping next door at S-Bahnhof Pankow-Heinersdorf with all its bells and whistles, but that only makes it worse for the once-proud Güterbahnhof, as it looks over with disdain fueled by the jealousy of not being wanted. Passengers, bah!

Now it just rots. Nothing works and nothing's being repaired. The train turntable doesn't spin anymore and the control cabin's in a sorry state. Too many parties – even the DJ has left.

sich nicht mehr und die Steuerkabine ist in einem beklagens-werten Zustand. Zu viele Partys – sogar der DJ ist abgehauen. Die geschwärzten Balken zeugen von einem höllischen Ruhe-stand, der Geruch nach Rauch hängt noch in der Luft, Papier-bögen liegen im Büro verstreut, Namen und Adressen sind für alle sichtbar (so viel zur deutschen Paranoia mit dem Daten-schutz) und die Uhr am Verwaltungsgebäude zeigt nur noch zweimal am Tag die richtige Zeit an.

Früher war es hier ganz anders. Der Rangierbahnhof nahm, je nach Quelle, 1893 oder 1904 seinen Betrieb auf. 1997 wurde er – aus Gründen, die ich bisher nicht ausfindig machen konnte – stillgelegt. Zu Spitzenzeiten hatte der Bahnhof 1.800 Güterwaggons abgefertigt – an einem Tag!

Bis 2007 wurden die Gleise heraus- und einige der Gebäude abgerissen. 2009 angelte sich dann der Möbelhaus-Magnat Kurt Krieger das gesamte 40.000 Hektar große Gelände, das bis hinunter zum S-Bahnhof Pankow führt. Seitdem kämpft Krieger, seinem Namen gerecht werdend, um die Erschlie-ßung des Geländes. Zunächst hieß es, er wolle 350 Millio-

Blackened beams attest to a hellish retirement, the smell of smoke still lingers, scattered sheets of paper flutter around the office, names and addresses for all to see (so much for Germany's paranoia with privacy law), and the clock on the administration building only tells the right time twice a day.

It used to be so different. The railroad yard began opera-tions in 1893 or 1904 (depending on your source) and was only closed down (for reasons I have so far been unable to deter-mine) in 1997. At its peak, it could handle up to 1,800 freight cars – a day!

But they ripped out the rail tracks and knocked down a few buildings by 2007. Then in 2009, the whole 40-hectare site, including the land going down as far as S-Bahnhof Pankow, was snapped up by furniture store magnate Kurt Krieger. Since then Krieger has been fighting (living up to his name) to develop the site. Initial reports suggested he wanted to invest € 350 million to build a 30,000 square meter shopping center and a 40,000 square meter furniture shop (à la Ikea), while planting 1,370 new trees and creating a five hectare

nen Euro investieren in den Bau eines 30.000 Quadratmeter großen Shoppingcenters und eines großen Möbelhauses im Ikea-Stil mit 40.000 Quadratmetern – samt einer fünf Hektar großen Parkanlage mit 1.370 Bäumen. Aktuell wird berichtet, dort solle das komplett neue Viertel »Pankower Tor« entstehen – mit Shoppingcenter, Schule und 2.000 Wohnungen.

Am S-Bahnhof Pankow steht die Infobox »Pankower Tor«, die die Anwohner über die neuesten spannenden Entwicklungen informieren soll. Doch diese Infobox ist genauso verlassen wie der Bahnhof. Ich habe sie noch nie geöffnet gesehen. Sie ist gut verschlossen und komplett mit Graffiti bedeckt. Das sagt alles, was man über die Pläne wissen muss.

Der imposante Rundlokschuppen, in dem Lokomotiven ohne Rückwärtsgang gedreht wurden, stammt wohl von 1893 und steht als einer der beiden letzten in Deutschland unter Denkmalschutz.

Anfänglich wollte Krieger das Gebäude für fünf Millionen Euro sanieren, um es für kulturelle Zwecke zu nutzen. »Vielleicht machen wir die Oper von Pankow daraus«, scherzte er in

park. The latest plans are for a whole new neighborhood called "Pankower Tor" consisting a shopping center, school and some 2,000 apartments.

There's a "Pankower Tor" info box at S-Bahnhof Pankow to inform locals of the latest exciting developments, but that's abandoned, too. I've never seen it open. It's locked up secure and covered in graffiti. So that tells you all you need to know about the plans.

The impressive round Rundlokschuppen (railway roundhouse), where they were able to turn locomotive engines with no reverse, is a protected building apparently dating to 1893 and one of the last two in Germany.

Krieger initially wanted to invest € 5 million to restore it for cultural use.

"Maybe we'll turn it into the opera of Pankow," he joked in his broad Berliner dialect, according to Der Tagesspiegel. Pankow and opera are a strange mix, to say the least, and those plans appear have hit a bum note in the meantime. The protected roundhouse is being battered by time and as

seinem breiten Berliner Dialekt, so der »Tagesspiegel«. Pankow und Oper sind eine seltsame Mischung, um es nett zu sagen. Aber das Vorhaben ist inzwischen ohnehin nicht mehr im Spielplan zu finden.

Der unter Denkmalschutz stehende Rundlokschuppen sieht mittlerweile übel aus und wenn es so weitergeht, wird es bald wenig geben, was noch unter Denkmalschutz gestellt werden kann. Aber das geschieht hierzulande häufig mit solchen »geschützten« Gebäuden.

Momentan wird das Gelände von Hasen, Straßenkünstlern und merkwürdigen Menschen, die gerne Voodoo und ähnliches Zeug betreiben, bevölkert. Die Security bemüht sich redlich, sie alle von dem Gelände fernzuhalten. In einem Gebäude, das ich mir ansah, waren in der Mitte viele Ziegel und Papierbögen wie in einem Voodoo-Tempel angeordnet.

Vorläufig hat der Güterbahnhof Pankow seine Endstation erreicht. Aber die Erschließung könnte jeden Moment grünes Licht erhalten – oder auch nicht. Wie auch immer, der Bahnhof wartet darauf, sich auf ein ganz neues Gleis zu begeben.

it passes, there will be little of it left to protect anymore. It's often what happens to "protected" buildings in these parts.

For now the site is inhabited by rabbits, street artists and odd people who like to practice voodoo and the like, with security prowling around to try keep them all away.

One of the buildings I found myself in had a load of bricks and sheets of paper arranged in the middle of the floor like a voodoo temple.

For now Güterbahnhof Pankow is at the end of the line. But the development work could be given a green light at any time, or not. One way or another, the Güterbahnhof is still waiting to go off on a whole new track.

Haus der Statistik

Die Stasi verfolgen

Stalking the Stasi

Übersehen, überblickend, sehend, aber unbemerkt, das Haus der Statistik steht genau dort, wo es sein möchte. Mit einem majestätischen Blick über den Alexanderplatz und in direkter Linie zum Fernsehturm, stand dieser riesige Gebäudekomplex schon immer an Berlins Puls der Zeit.

»STOP WARS« fordert seine Fassade in Buchstaben so groß wie Elefanten. Und tatsächlich, wenn es jemals einen Schlachtruf zu beherzigen gab, dann diesen. Kein anderes Gebäude kennt die Stadt besser, kein anderes Gebäude verkörpert Berlin mehr als dieses.

Kein Wunder, dass die Stasi die oberen Stockwerke besetzte, als sie noch im Geschäft war. Das Ministerium für Staatssicherheit, wie der gefürchtete ostdeutsche Geheimdienst mit vollem Namen hieß, setzte Kameras ein, um die guten DDR-Bürger dabei zu beobachten, wie sie auf dem belebtesten Platz des Landes ihren Geschäften nachgingen. Es war bestimmt ein toller Ausblick auf die größte Demonstration Ostdeutschlands am 4. November 1989 auf dem Alexanderplatz, bei der eine halbe Million Teilnehmer (oder eine Million,

Overlooked, overlooking, seeing but unseen, Haus der Statistik is right where it wants to be. With a majestic view over Alexanderplatz and direct line to the Fernsehturm, this huge complex has always held a finger to Berlin's pulse.

"STOP WARS" it demands in letters as big as elephants, and indeed, if ever there was a battle-cry to be heeded, it would be this one. No other buildings know the city so well, no other buildings epitomize what it means to be Berlin.

No wonder the Stasi decided to occupy the top floors when it was still in business. The Ministerium für Staatssicherheit, to give the dreaded East German secret police its proper name, used cameras to watch over the good citizens of the DDR as they went about their business on the country's busiest square. They would have gotten a good eyeful of East Germany's biggest protest at Alexanderplatz on Nov. 4, 1989, when half a million demonstrators (or a million, depending on who you believe) helped bring down the Berlin Wall a few days later.

The 46,000-square meter Haus der Statistik was primarily home to the central statistics administration (Zentralver-

je nachdem, wem man glaubt) dazu beigetragen haben, dass einige Tage später die Berliner Mauer zu Fall gebracht wurde.

Das 46.000 Quadratmeter große Haus der Statistik war eigentlich der Sitz der Zentralverwaltung für Statistik der DDR. Im Erdgeschoss des Gebäudes befanden sich zwei Cafés bzw. Bars, die »Jadgklause« und das »Mocca-Eck«, außerdem ein Geschäft für Jagd- und Anglerbedarf sowie ein Laden namens »Natascha«, der sowjetische Produkte verkaufte. Eine gigantische Kult-Tasse des »Mocca-Ecks« dampft noch immer an einer Fassadenseite.

»Reichhaltig ist die Auswahl des Cafés an Frühstücksgedecken, Kuchen, Torten, Kaffee- und Eisspezialitäten und Milch-Mix-Getränken. Für die Freunde von Wildgerichten ist die danebenliegende Jagdklause wie geschaffen«, empfahl ein Artikel im »Neuen Deutschland« zu jener Zeit. Der Reporter muss in guten Händen gewesen sein.

Das Haus der Statistik, bestehend aus neun- bis zwölfstöckigen Gebäuden, wurde im Rahmen des sozialistischen Umgestaltungsprogramms für den Alexanderplatz nach Plä-

waltung für Statistik) of the DDR. The bottom floor housed two café-pubs, "Jagdklause" and "Mocca-Eck," as well as a shop for hunting and angling products, and a store called "Natascha" selling products from the Soviet Union.

It's the Mocca-Eck café's giant iconic coffee cup that you can still see steaming along the side of one the buildings today.

"The café's selection of breakfast items, cakes, tarts, coffee and ice cream specialties and milkshakes is extensive. For fans of game dishes, the adjacent Jagdklause is perfect," an article in the Neues Deutschland newspaper purred at the time. The reporter must have been well looked after.

Haus der Statistik, consisting of buildings between nine and 11 stories high, was built on what was then called Hans-Beimler-Straße to plans from architects Manfred Hörner, Joachim Härter and Peter Senf as part of the socialist rebuilding program for Alexanderplatz. Construction started on March 8, 1968 and the new headquarters of the Zentralverwaltung für Statistik was inaugurated in time for the DDR's 20th birthday on Oct. 7, 1969.

nen der Architekten Manfred Hörner, Joachim Härter und Peter Senf an der damaligen Hans-Beimler-Straße errichtet. Der Bau begann am 8. März 1968, der neue Hauptsitz der Zentralverwaltung für Statistik konnte rechtzeitig zum 20. Geburtstag der DDR am 7. Oktober 1969 eingeweiht werden.

Deutsche nehmen ihre Geburtstage wahnsinnig ernst. Drei Tage vorher war ebenfalls anlässlich des 20. Jahrestages der DDR ein wenig weiter östlich schon der VEB Kulturpark Plänterwald (später Spreepark) eröffnet worden. Beide hätten sich nicht träumen lassen, dass sie rund 40 Jahre später verlassen daliegen würden.

Etwa 2.900 Angestellte arbeiteten im Haus der Statistik, darunter Beschäftigte des Handelsministeriums und später (ab 1972) des Umweltministeriums sowie die für die Statistik zuständigen Nerds. Sie sollten die SED mit Zahlen und Informationen für die Fünf-Jahres-Pläne der DDR versorgen. Aber all diese Pläne wurden mit dem 3. Oktober 1990 nutzlos, als Westdeutschland die Führung übernahm, was heute als deutsche Wiedervereinigung bezeichnet wird. Einzig das Ampel-

Germans take their birthdays incredibly seriously. Three days previously, a bit further to the east, VEB Kulturpark Plänterwald (later Spreepark) also opened for the DDR's 20th birthday.

They couldn't have imagined at the time that they'd all be abandoned some 40 years later.

Around 2,900 employees went to work at Haus der Statistik, including workers from the trade ministry, later also (from 1972) the environment ministry, as well as the nerds looking after statistics.

These were supposed to provide the Socialist Unity Party of Germany (SED) with statistics and information to facilitate five-year plans for the DDR. But all those plans were rendered useless on Oct. 3, 1990 when West Germany took over for what's now called German reunification. Only the Ampelmännchen survived. Some 235 cassettes of statistical data were transferred to the Bundesarchiv (Federal archive).

Haus der Statistik briefly hosted a branch of the federal statistics office before that jumped ship for Wiesbaden. Instead,

männchen hat überlebt. Etwa 235 Kassetten mit statistischen Daten wurden an das Bundesarchiv übergeben.

Im Haus der Statistik war kurzzeitig eine Abteilung des Statistischen Bundesamtes untergebracht, bevor es das sinkende Schiff verließ und sich nach Wiesbaden absetzte. Stattdessen zogen das Ministerium für Handel und Tourismus sowie die Bundesstiftung zur Aufarbeitung der SED-Diktatur hier ein.

Danach wurde das Haus der Statistik Sitz des Bundesbeauftragten für die Stasi-Unterlagen, der es den Leuten erlaubte, vorbeizukommen und sich anzuschauen, was sie besser nicht sehen sollten. Im ersten Jahr wollten 520.000 Menschen Einblick in ihre Stasi-Akte haben, bis 2004 stieg die Zahl auf 2,2 Millionen. Zuständig war Joachim Gauck, der später Bundespräsident wurde.

Seit 2008 stehen die Gebäude leer, auch wenn niemand den Strom abgestellt hat. Ich war geschockt, als mein Begleiter – ein Fremder, den ich am Tag zuvor kennengelernt hatte – einen Schalter bediente und ein Licht aufleuchtete. Auch die Überwachungskameras funktionierten und zeigten die Flure,

the Ministry for Trade and Tourism set up shop in 1990 and a federal office to review the SED dictatorship.

Haus der Statistik then hosted the Federal Commissioner for the Stasi Records, allowing people to come and see what they were probably better off not seeing. There were 520,000 requests made by people to see their Stasi files in the first year, jumping to 2.2 million by 2004. Joachim Gauck, who later became German president, was in charge.

The buildings were abandoned in 2008, though someone left the electricity on. I got a shock when my companion – a stranger who only got in touch the day before – flicked a switch and a light came on. The security cameras were working too, showing the corridors we had roamed and our escape route on a bank of monitors that flickered at the panic button in my brain.

On the laminate corridor floor, a chilling catchphrase: "Feind ist, wer anders denkt." The enemy is whoever thinks differently, perfectly betraying the philosophy of the Paranoia

die wir entlanggegangen waren; unser Fluchtweg flackerte im Panikraum meines Gehirns kurz auf einer Reihe von Monitoren auf.

Auf dem Laminatboden des Flurs stand ein hanebüchener Slogan: »Feind ist, wer anders denkt« – was die Philosophie des Paranoia-Staates perfekt preisgibt. Das Stasi-Motto wiederholte sich immer und immer wieder und zog sich durch den Flur, als würde es einen Tatort absperren, an dem sich ein Mord abgespielt hat. Und in gewisser Weise war es ja auch so.

Jetzt aber waren wir der Feind. Wir gingen an einer Tür nach der anderen vorbei, öffneten ein Büro nach dem anderen. Überall dasselbe, alles leer. Horizontale Stapel der Gleichförmigkeit. Aber wir mussten dennoch fliehen. Geisteskrank entschieden wir uns, den Aufzug zu benutzen – auch der funktionierte. Er kam mit einem »bling« an, die Türen öffneten sich langsam. Leer. Wir sprangen in das kupferfarbene, spiegelverkleidete Innere und fuhren unerträglich langsam nach unten. Ich wusste, dass dort Security auf uns warten würde. Sie hatten uns die ganze Zeit über beobachtet, unseren Fluchtweg

State. The Stasi motto repeated over and over and lining the floor as if marking a murder scene. In a way it was.

We were the enemy now. We passed door after door after door, opening office after office after office, all the same, all empty. Horizontal stacks of uniformity.

But we still had to escape. Like lunatics we decided to use the lift – that was running too. It arrived with a bling, doors opened slowly. Empty. We jumped in to the copper mirror-plated interior, and descended, inexorably slowly.

I knew security was waiting for us below. They'd observed us this whole time, discovered our escape route with the surveillance cameras, and would nab us as soon as the lift arrived. Dread swept over me.

Down we went. An eternity later, the lift blinged again, doors parted – no one. I couldn't believe it. We hurried to our escape route, scampered quickly out the window, ran along the roof, jumped down onto an electricity generator and off onto the pavement.

Haus der Statistik was headed for the demolition ball until

mit den Überwachungskameras entdeckt und würden uns schnappen, sobald der Aufzug ankam. Mir graute davor.

Wir fuhren abwärts. Eine Ewigkeit später machte es wieder »bling« und die Türen teilten sich – keiner da. Ich konnte es nicht glauben. Wir hasteten zu unserem Fluchtweg, huschten schnell durch das Fenster, rannten das Dach entlang, sprangen auf einen Stromgenerator und landeten auf dem Bürgersteig.

Das Haus der Statistik war für die Abrissbirne bestimmt, bis Berlin es 2017 unter dem Druck von Aktivisten zurückkaufte. Es gibt Pläne, die bestehenden Gebäude zu sanieren und den Komplex um weitere 66.000 Quadratmeter zu ergänzen, um dort neues Leben in einem Mix aus Wohn-, Büro- und Kunsträumen zu schaffen.

Wir werden sehen. Das ist Berlin – wo Pläne nur gemacht werden, um sich dann darüber lustig zu machen, wie spektakulär sie scheitern.

Berlin bought it back under pressure from local activists in 2017. Now there are plans to renovate the existing buildings and add another 66,000 square meters for the complex to find new life in a mix of residential, office and art space.

We'll see. This is Berlin, where plans only exist to be ridiculed in proportion to how spectacularly they fail.

Jüterbog

Ozymandias' gebrochenes Antlitz

Ozymandias' shattered visage

Willkürlich verstreut, wie Knochen auf einem zerbombten Friedhof, sehen die Ruinen in Jüterbog schweren Herzens ihrem Schicksal entgegen. Von den Umständen verraten, haben sie sich damit abgefunden, zurückgewiesen worden zu sein. Sie sehnen sich nach vergangenen Zeiten, als sie Männern voller Ehrgeiz und Tatkraft ein Dach über dem Kopf boten, Männern, die mit ihren Waffen spielten, Männern, die es zu etwas brachten.

Nun gibt es in den Gebäuden – es sind so viele! – kein Leben mehr, nichts als Narben und dumpfe Leere. Flüchtige Erinnerungen, von gedankenlosem Wind durch zerbrochene Fensterscheiben und unbemerkte Ritzen geweht, wurden von den Veteranen mitgenommen – nach Moskau und an andere Orte der ehemaligen Sowjetunion. Einige blasse Reste verharren in deutschen Pflegeheimen, aber die Zahl derer, die sich noch erinnern können, wird immer kleiner.

Der letzte sowjetische Soldat zog 1994 ab, aber die Geschichte Jüterbogs beginnt viel früher, bevor es Deutschland überhaupt gab. Es war um 1860, als die preußische

Scattered haphazardly all around, like bones in a bombed-out graveyard, Jüterbog's ruins reluctantly await their fate. Betrayed by circumstance and resigned to rejection, they yearn for yesteryear, days when they played host to men of ambition and drive, men emboldened by guns, men going places.

Now the buildings – so many of them! – are devoid of life, holding nothing but scars and hollow emptiness. Memory barely lingers, blown by the thoughtless wind through broken windows and unseen gaps, carried far away by veterans in Moscow and across the former Soviet Union. Only faint residues remain in German nursing homes where dwindling numbers share the buildings' fate.

The last Soviet soldier left in 1994 but Jüterbog's history begins long before, before Germany even existed, when the Prussian army bought some 250 acres for shooting and maneuver practice around 1860. The shootings began straight away on a range 650 x 850 meters, and the construction of the first buildings commenced a few years later, presumably during a break in the shooting.

Armee etwa 250 Morgen Land für Schieß- und Truppenübungen kaufte. Mit der Schießerei begann man gleich – auf einer 650 × 850 Meter großen Anlage –, die ersten Gebäude wurden erst einige Jahre später errichtet, vermutlich während einer kleinen Feuerpause.

Das Militärgelände wuchs durch den Erwerb von Land der benachbarten Orte weiter. Vielleicht trugen auch die Querschläger, die auf dem Gelände herumflogen, dazu bei, die Dörfer vom Verkauf ihres Landes zu überzeugen. Weitere 40 Morgen kamen jedenfalls im Jahr 1870 dazu. Es folgten aufregende Zeiten, als im selben Jahr der Deutsch-Französische Krieg ausbrach. Sie hatten also nicht umsonst geübt.

Selbstverständlich endete der Krieg mit einem Sieg der von Preußen angeführten deutschen Staaten über Frankreich. Der preußische Kanzler Otto von Bismarck nutzte den Krieg, um die verbliebenen deutschen Staaten – Bayern, Baden, Württemberg und Hessen-Darmstadt – seinem Norddeutschen Bund anzuschließen und so den Weg für die deutsche Einigung zu ebnen. Die Proklamierung des Deutschen

The army's plot thickened, as it were, and grew larger with the acquisition of land from neighboring villages. Maybe the stray bullets flying around the place helped convince them to sell. Another 40 acres was added in 1870.

These were heady times with the outbreak of the Franco-Prussian War that same year. They weren't practicing for nothing.

Of course the war ended with the Prussian-led German states' victory over France. Prussian chancellor Otto von Bismarck used the war to draw the remaining German states – Bavaria, Baden, Württemberg and Hesse-Darmstadt – to his North German Confederation, paving the way for German unification. The German Empire was proclaimed on Jan. 18, 1871 at the Palace of Versailles. During the war around 9,000 French prisoners were interned in Jüterbog and put to work there, extending the site. Many died and were buried there.

The first shooting range was called Altes Lager (Old Camp) after it was decided in 1889 to construct another so the field artillery could be separated from the foot artillery.

Kaiserreiches fand am 18. Januar 1871 im Schloss Versailles statt.

Während des Krieges waren rund 9.000 französische Soldaten in Jüterbog interniert und wurden dazu eingesetzt, um das Gelände auszubauen. Viele starben dabei und wurden dort beerdigt.

Als man sich 1889 entschloss, einen weiteren Schießplatz zu errichten, um die Feld- von der Fußartillerie zu trennen, erhielt der erste einen Namen: Altes Lager. Das Militär schnappte sich deshalb noch mehr Flächen südlich des bestehenden Geländes und schon im Jahr darauf begann die Errichtung des Neuen Lagers.

Die Dicke Bertha, ein riesiger 42-cm-Mörser, wurde hier vor dem Ersten Weltkrieg getestet. Mit ihr schoss man auf Ziele im mehr als zehn Kilometer entfernten Jüterbog. Die Nachbarn müssen verrückt geworden sein!

Scheinbar war Erich Steinert, der Kommandant des Schießplatzes Kummersdorf im Nordosten, nicht allzu erfreut, als eine Ein-Tonnen-Rakete nicht wie geplant 500 Meter südlich

The military treasury snapped up more land to the south of the existing site and construction on the Neues Lager began the following year.

The Dicke Bertha (Big Bertha) monster 42-cm howitzer was tested here before the First World War, shot at targets in Jüterbog from more than 10 kilometers away. The neighbors must have been driven mad!

Apparently Erich Steinert, the chief of Kummersdorf shooting range to the northeast, wasn't too happy when a one-ton missile didn't land 500 meters south of him as planned, but 500 meters north. If it had been only half as awry "the projectile would have hit us," he reckoned, not unreasonably.

Meanwhile the military training area kept growing to around 5,000 hectares. A new barracks was built for the infantry before the war, and it kept growing during the war. A hospital was added to the infantry's new Fuchsberg-Kaserne toward the war's end, perhaps not a coincidence.

After the war, of course, there were no more military shenanigans. Well, not at first. It started discreetly, with a

von ihm landete, sondern 500 Meter nördlich. Wenn es nur halb schief gegangen wäre, »dann hätte uns das Projektil getroffen«, meinte er nicht ganz grundlos.

Inzwischen war das militärische Übungsgelände auf eine Größe von 5.000 Hektar angewachsen. Vor 1914 war eine neue Kaserne für die Infanterie errichtet worden, die während des Krieges weiter ausgebaut wurde. Gegen Ende des Krieges wurde die neue Fuchsberg-Kaserne der Infanterie – vermutlich nicht zufällig – um ein Krankenhaus erweitert.

Nach dem Krieg war natürlich erstmal Schluss mit dem militärischen Blödsinn. Wobei, nicht sofort. Es begann mit einer dezenten Reduzierung der Truppenstärke ... doch schon 1930 wurde der Faden wieder aufgenommen. 1933, jenem Jahr, in dem auch Adolf Hitler zum deutschen Kanzler ernannt wurde, entstand in Jüterbog der Flugplatz Altes Lager.

Im Norden von Jüterbog, etwa sieben Kilometer entfernt in Forst Zinna, wurde ein weiteres Militärlager eröffnet: das Adolf-Hitler-Lager (damals schien der Name eine großartige Idee zu sein). Es war auch als Lager III oder Waldlager

drop in soldier numbers ... until 1930 when things picked up again.

A military airfield (Flugplatz Altes Lager) developed in Jüterbog in 1933, a year that coincided with the Adolf Hitler's appointment as chancellor of Germany.

Another military camp, the Adolf-Hitler-Lager (it seemed a great idea at the time) was built in the Zinna Forest around seven kilometers to the north of Jüterbog. It was also known as Lager III or Waldlager (forest camp). SS members were the first to sample its holistic delights.

By 1934, Jüterbog's military areas comprised the biggest troop-training center in Germany. And the expansion continued. Inhabitants of neighboring villages had to leave as the total military site was extended to more than 11,000 hectares (27,000 acres).

The Adolf-Hitler-Lager had its own train station by 1937 as it kept growing. There was no end to the development. At least in those days they weren't solely building for investors. They even started building an internal rail line before that was

bekannt. Mitglieder der SS waren die Ersten, die hier zum Zuge kamen.

1934 bildeten die militärischen Gelände in Jüterbog zusammen das größte Truppen-Trainings-Zentrum Deutschlands. Und die Expansion ging weiter. Als das gesamte Militärgelände auf 11.000 Hektar (27.000 Morgen) ausgedehnt wurde, mussten die Einwohner der Nachbardörfer ihre Heimat verlassen. Das weiter wachsende Adolf-Hitler-Lager bekam 1937 seinen eigenen Bahnhof – und ein Ende des Ausbaus war nicht abzusehen. Zumindest wurde damals nicht nur für Investoren gebaut.

Doch der Bau einer eigenen Bahnlinie innerhalb des Lagers wurde vom Krieg jäh gestoppt. Die Fuchsberg-Kaserne und das Adolf-Hitler-Lager wurden bei Bombenangriffen am 18. April 1945 getroffen. Zwölf Tage später verlor Letzteres seinen Namensvetter.

Danach übernahm die Rote Armee. Die Sowjets machten Jüterbog zu einem ihrer wichtigsten Militärstützpunkte in der DDR mit geschätzten 40.000 Soldaten, die die 15.000 einheimischen Bewohner in den Schatten stellten.

stopped in its tracks by the war. The Fuchsberg-Kaserne and Adolf-Hitler-Lager were hit in bombing raids on April 18, 1945. Twelve days later, the latter lost its namesake.

The Red Army took over everything after that. The Soviets turned Jüterbog into one of their most important military bases in the DDR, with an estimated 40,000 soldiers dwarfing the local population of 15,000.

Life was hard for the lowly soldiers – little to eat, strenuous drills, abuse from their superiors – but good for the superiors – loads to eat, no drills, plenty of inferiors to abuse. The officers lived mostly with their families and were paid 1,000 times more then their underlings.

"The officers couldn't spend their money," Jüterbog historian Henrik Schulze told the Märkische Allgemeine in 2013. "I knew one once who simply wanted to drink it extravagantly in the Berlin Fernsehturm. He didn't manage it."

The Soviets continued using Flugplatz Altes Lager as a Flugplatz, with the 833rd fighter aviation regiment based here from 1953 to 1992. There were helicopters buzzing in and out

Das Leben für die einfachen Soldaten war hart – wenig zu essen, strammer Drill, Misshandlungen durch die Vorgesetzten. Für die Oberen dagegen gab es reichlich zu essen, keinen Drill und viele Untergebene, die es zu misshandeln galt. Die Offiziere lebten meist mit ihren Familien zusammen und wurden tausendmal besser bezahlt als das Fußvolk.

»Die Offiziere konnten ihr Geld nicht ausgeben«, erzählte der Ortschronist Henrik Schulze 2013 der »Märkischen Zeitung«. »Ich kannte einmal einen, der sein Bier extravagant im Berliner Fernsehturm trinken wollte. Es ist ihm nicht gelungen.«

Die Sowjets nutzten den Flugplatz Altes Lager weiter als solchen, von 1953 bis 1992 war dort das 833. Luftfahrtregiment stationiert. Hubschrauber surrten durch die Luft und gingen den Anwohnern auf die Nerven. Auch die Abfangjäger Mikojan-Gurewitsch MiG-21 gehörten zum Alltag, bis sie 1979 vom Typ MiG-23 abgelöst wurden. Man kann nur vermuten, dass die neuen Flugzeuge besser, schneller und leichter waren.

and getting on local residents' nerves, and Mikoyan-Gurevich MiG-21 supersonic jet fighter planes were a common sight before they were replaced with MiG-23s in 1979. One can only assume the new planes were better, faster and lighter.

None of the Russians hung around too long after Mauerfall and the end of that Cold War. The area's military days were over.

"I never thought I would ever see the Soviets' withdrawal from the GDR in my lifetime," Schulze said of their departure in 1994.

Some of the buildings have found use once again as residential homes or sports clubs or whatever, others are being destroyed to make way for the forest, while others continue to wallow in the despair of abandonment – puppies living in a perpetual post-Christmas.

Nothing stays the same. It's the only thing that's constant.

Keiner der Russen blieb nach dem Fall der Mauer und dem Ende des Kalten Krieges länger als nötig. Die militärische Zeit des Gebietes war vorüber. »Ich hätte nicht gedacht, dass ich jemals den Rückzug der Sowjets aus der DDR erleben würde«, sagte Schulze über ihren Abzug 1994.

Einige der Gebäude werden wieder genutzt: als Wohnungen, Sportheime oder was auch immer. Andere wurden abgerissen, um Platz für den Wald zu schaffen, während sich wieder andere in ihrer Verzweiflung, verlassen worden zu sein, suhlen – Welpen, die in einer ständigen Nachweihnachtszeit leben.

Nichts bleibt gleich. Das ist das einzig Konstante.

Kernkraftwerk Rheinsberg

Im Bauch der Bestie   Inside the belly of the beast

Rund 20 Jahre nachdem das Kernkraftwerk Rheinsberg abgeschaltet wurde, gibt es immer noch Bemühungen, aus dem nuklearen Kraftwerk ein »new-clear«-Werk zu machen. Der Ausstieg aus der Atomenergie soll in den kommenden Jahren abgeschlossen sein, aber man weiß ja, wie das ist – der Müll von Ostdeutschlands erstem Kernkraftwerk wird auch lange nach dem Ende der DDR noch eine Bedrohung sein.

Die radioaktiven Brennstäbe und der Reaktor wurden in das oberirdische Zwischenlager Nord (ZLN) neben dem Kernkraftwerk Greifswald an der Ostsee gebracht. Das »Zwischenlager« soll eine Zwischenlösung sein. Momentan ist man der Meinung, das Problem lasse sich am besten dadurch lösen, dass man ein geeignetes Gebiet findet, in dem der Atommüll in einem zehn Kilometer unter der Erde liegenden Bunker begraben und vergessen wird. Bis jetzt haben sich alle Bemühungen um ein »Endlager« auf Gorleben konzentriert.

Mit dem Bau des Kernkraftwerks Rheinsberg wurde Ende der 1950er Jahre begonnen, nachdem 1956 eine Vereinbarung zwischen Behörden und ihren sowjetischen Amtskolle-

Some 20 years after Kernkraftwerk Rheinsberg was shut down, efforts continue to turn it into a "new-clear" plant. Decommissioning is due to be completed in the next few years, but you know how these things are – refuse from East Germany's first nuclear power station will continue to cast a threat long after the country itself was extinguished.

The radioactive fuel rods and reactor have been transported to an overground storage facility, Zwischenlager Nord (ZLN), beside the nuclear power plant at Greifswald at the Baltic. As a "Zwischenlager" it's seen as a temporary solution. The current wisdom is to bury all the radioactive waste in a bunker 10 kilometers under the ground and forget all about it, once they find a suitable site. So far efforts to find an "Endlager" have been concentrated on Gorleben.

Construction on KKW Rheinsberg began in the late 1950s after an agreement was struck between the East German authorities with their Soviet counterparts in 1956. The Soviets and East Germans worked closely together on the project and Rheinsberg had the first Russian-built VVER pres-

gen getroffen worden war. Die Sowjets und die Ostdeutschen arbeiteten bei dem Projekt eng zusammen und so bekam Rheinsberg den ersten russischen Druckwasserreaktor vom Typ VVER außerhalb der UdSSR. Das Rheinsberger Modell war ein VVER-70.

In der wunderschönen Naturlandschaft zwischen Stechlin und Nehmitzsee gelegen, nahm es am 6. Mai 1966 seinen Betrieb auf und wurde als Meilenstein der sozialistischen Errungenschaften gefeiert. Immerhin wurde das Kernkraftwerk Gundremmingen A in Bayern einige Monate später in Betrieb genommen. Rheinsberg war damit das erste Kernkraftwerk auf deutschem Boden – das Rennen gegen den Westen war gewonnen. Dies war so wichtig, dass sein Kontrollraum sogar auf der Rückseite der ostdeutschen 10-Mark-Note von 1971 zu sehen war – mit einer Ingenieurin an der Schaltzentrale.

Scheinbar war geplant, 15 solcher Anlagen zu bauen, um die Abhängigkeit von Braunkohle zu verringern, aber die Pläne wurden nie umgesetzt. Immerhin folgte noch das Kernkraft-

surized water reactor outside the USSR. Rheinsberg's was a VVER-70.

Set between Stechlinsee and Nehmitzsee in an area of great natural beauty, it went into production on May 9, 1966, when it was heralded as a monument to socialist achievement. Kernkraftwerk Gundremmingen A in Bavaria only went into operation a few months later. Rheinsberg was the first nuclear power station on German soil – the race against the West was won. It was so important its control room even featured on the back of the East German 10 Mark note from 1971, showing a female engineer sitting at the switchboard.

Apparently the plan was to build 15 such facilities, reducing the dependence on brown coal, but that never came to fruition. Greifswald followed and there were plans for the largest power plant in Germany at Stendal, but they too faltered after German reunification.

Run by VE Kombinat Kernkraftwerke Bruno Leuschner, KKW Rheinsberg produced 70 megawatts, enough to power the city of Potsdam, but relatively humble for a nuclear facility.

werk Greifswald, aber schon dem Vorhaben, in Stendal das größte deutsche Kernkraftwerk entstehen zu lassen, kam etwas in die Quere: die deutsche Wiedervereinigung.

Betrieben wurde das Kernkraftwerk Rheinsberg vom VE Kombinat Kernkraftwerke Bruno Leuschner. Seine Leistung von 70 Megawatt reichte aus, um eine Stadt wie Potsdam mit Strom zu versorgen, war aber für eine solche Anlage dennoch verhältnismäßig bescheiden.

»Es war nicht als kommerzielles Kraftwerk geplant. Vielmehr ging es darum zu zeigen, dass Atomkraft auch für friedliche Zwecke eingesetzt werden konnte«, erklärte Jörg Möller von den Energiewerken Nord GmbH (EWN), die das Kraftwerk nun zerlegen.

Rheinsberg hat seinen Betrieb zwar 1990 eingestellt, aber es ist nicht wirklich »verlassen«. Man kann ein altes Kernkraftwerk nicht einfach so von heute auf morgen aufgeben. Deshalb kann man dort auch nicht einfach über den Zaun hüpfen, um sich das Gelände anzuschauen. Die Security ist noch immer ziemlich streng.

"It wasn't intended as a commercial plant, but to show that nuclear power could also be used for peaceful purposes," explained Jörg Möller of Energiewerke Nord GmbH (EWN), the crowd now dismantling it.

Rheinsberg stopped production in 1990 but it's not quite "abandoned" – you just can't leave an old nuclear power station willy nilly from one day to the next – so there's no hopping the fence to see this site. Security is still quite stringent.

Herr Möller rattled off more facts, numbers, statistics, percentages and reports than a normal being could shake a stick at. Only a physicist would have been able to even consider shaking a stick at them, but he reckoned nuclear power was a misunderstood beast, given a bad name (naturally) through disasters like Chernobyl and Fukushima.

But he didn't touch on other concerns, less attention-grabbing, such as increased prevalence of leukemia among Welsh children near the Irish Sea or above average cancer rates on the east coast of Ireland as a result of the Sellafield nuclear power plant in Cumbria, England.

Herr Möller ratterte mehr Fakten, Zahlen, Statistiken, Prozente und Berichte herunter, als ein Normalsterblicher verstehen kann. Allenfalls ein Physiker hätte diese Menge annähernd erfassen können. Aber er war der Meinung, Atomenergie sei ein missverstandenes Ungetüm, (natürlich) in Verruf geraten durch Katastrophen wie in Tschernobyl oder Fukushima.

Auf weitere Sorgen, die weniger Aufmerksamkeit erregten – wie die gestiegene Leukämie-Prävalenz bei walisischen Kindern an der Irischen See oder die überdurchschnittlich hohe Krebsrate an der Ostküste Irlands wegen des Kernkraftwerks Sellafield – ging er nicht ein.

Im Kernkraftwerk Rheinsberg waren etwa 670 Menschen beschäftigt. Es speiste Energie für mehr als 130.000 Stunden ins Stromnetz ein und erbrachte alles in allem rund 9.000 Gigawatt, bevor es am 1. Juni 1990 abgeschaltet wurde, weil Brennstäbe ausgetauscht und umfassende Wartungsarbeiten durchgeführt werden mussten. Es sollte nicht mehr hochgefahren werden.

KKW Rheinsberg provided employment for around 670 workers. It contributed power to the grid for more than 130,000 hours, giving around 9,000 gigawatts altogether, before it was shut down on June 1, 1990 for fuel rods to be changed and major maintenance works. It would never restart.

The Kernkraftwerk was already on borrowed time by then. It was only supposed to be in operation for 20 years, but 'tis hard to let such a beast go, and reconstruction work was carried out in 1986/87 to keep it going for another five years to 1992.

It didn't make it that far. The aforementioned German reunification spelled the end. Rheinsberg didn't meet West Germany's Atomgesetz, safety standards, and would have needed a ton of costly work to bring it up to the required standard. It had served its cause. On Oct. 12, 1990, it was finally decided to close it down for good and let decommissioning begin. Decommissioning was approved by the relevant authorities on April 28, 1995.

Die Zeit des Kernkraftwerks war damals schon abgelaufen, denn es sollte eigentlich nur 20 Jahre in Betrieb bleiben. Aber es ist schwierig, von solch einem Ungetüm abzulassen, und so waren 1986/87 Umbaumaßnahmen durchgeführt worden, um das Werk weitere fünf Jahre am Laufen zu halten.

So lange hat es nicht durchgehalten. Wie erwähnt brachte die deutsche Wiedervereinigung das Ende. Rheinsberg erfüllte die Sicherheitsauflagen des westdeutschen Atomgesetzes nicht und es hätte viel Geld gekostet, das Atomkraftwerk auf den erforderlichen Standard zu bringen. Es hatte seinen Zweck erfüllt. Am 12. Oktober 1990 wurde beschlossen, die Anlage abzuschalten und mit der Stilllegung zu beginnen, die am 28. April 1995 von den zuständigen Behörden genehmigt wurde.

Rund 342.000 Tonnen Material mussten abgebaut werden, 63.000 Tonnen davon durch Strahlung kontaminiert. Das radioaktive Material wurde in Rheinsberg unterirdisch gelagert. In der Anlage gibt es auch fünf Becken mit kontaminierter Flüssigkeit. Das müsste alles gereinigt und dekontaminiert werden, bevor es für andere Bauprojekte verwendet werden kann.

Some 342,000 tons of material was to be deconstructed, including around 63,000 tons contaminated by radiation. Radioactive material was stored underground at Rheinsberg, which also had five tanks of contaminated liquid. This would all have to be fully cleaned and decontaminated before it was used in other construction projects.

Seventy-four unirradiated fuel rods were sold to an American company in 1994, while 220 spent fuel rods were stored in three reinforced Castor containers. Another 26 rods used for research purposes were stored in another container and the four Castors were taken away by train on May 9, 2001. It was 35 years to the day since production at the plant began. .

The 169-ton reactor (containing the core, coolant and shroud) was taken away on Oct. 30, 2007 with the help of a 24-axle heavy transporter on a disused rail line. Old bridges had to be secured and the speed of the load was restricted to ensure no mishaps. The radioactive rods and reactor, needless to say, were extremely dangerous and a source of major protest. Thousands of police were involved in the security opera-

74 ungebrauchte Brennstäbe wurden 1994 an eine amerikanische Firma verkauft, während 220 benutzte Brennstäbe in drei verstärkte Castor-Behälter verladen wurden. Gemeinsam mit einem vierten Behälter, der 26 zu Forschungszwecken eingesetzte Brennstäbe enthielt, wurden diese am 9. Mai 2001 per Zug abtransportiert. Dies war auf den Tag genau 35 Jahre nachdem das Kernkraftwerk seinen Betrieb aufgenommen hatte.

Der 169-Tonnen-Reaktor (bestehend aus Kern, Kühlmittel und Mantel) wurde am 30. Oktober 2007 mithilfe eines 24-achsigen Schwerlasttransporters auf einer stillgelegten Eisenbahnstrecke abtransportiert. Um jegliche Unglücke zu vermeiden, wurden alte Brücken gesichert und der Transport mit minimaler Geschwindigkeit durchgeführt. Es ist eigentlich überflüssig zu sagen, dass die radioaktiven Stäbe und der Reaktor verdammt gefährlich waren und für großen Protest sorgten. Tausende Polizisten waren an der Sicherung des Transportes beteiligt, bis er sein vorübergehendes Ziel, das Zwischenlager Nord bei Greifswald, erreichte.

tions until they reached their destination, for now, at the ZLN by Greifswald.

"In Rheinsberg, it was definitely the case that the cost of construction, operation and then decommissioning is more than was earned through energy production," Herr Möller admitted. He said it was madness to dispose of nuclear waste down a deep hole with no way of getting it back – the current disposal solution. Herr Möller was nuclear through and through. He'd been working at Rheinsberg since 1984 and his father was involved in its construction, but still he had a few surprising opinions. "I think we can do without nuclear power," he said, before attacking brown coal for its impact on climate change. He suggested more people will die due to climate change than will ever have died from any nuclear disaster, including Hiroshima and Nagasaki. "What's clear is that there's no such thing as a perfect energy source," he said.

Now there are about 120 people still working at the former KKW Rheinsberg. It's not that simple to pull the plug on a nuclear power plant.

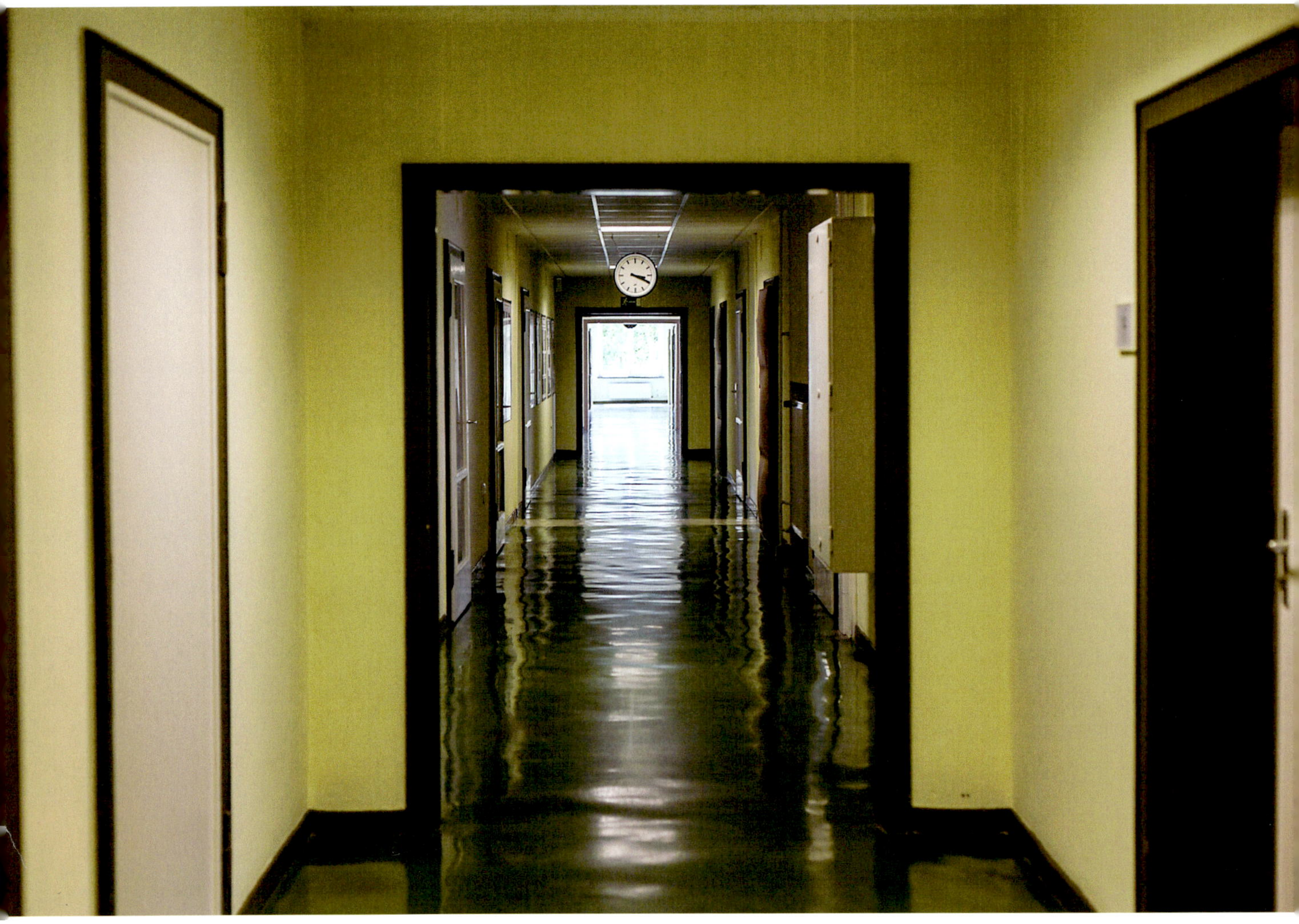

VEB Kernkraftwerk „Bruno Leuschner"
Greifswald
Betriebsteil Kernkraftwerk
Rheinsberg

LME 1.4
Unterwert
Oberwert
Verriegelung
LME 1.5
max.Last
MB überschritten
Grenzlast +
Grenzlast –
Verriegelung a.B.
Verriegelung
Grenzlast a. B.
LME 1.8

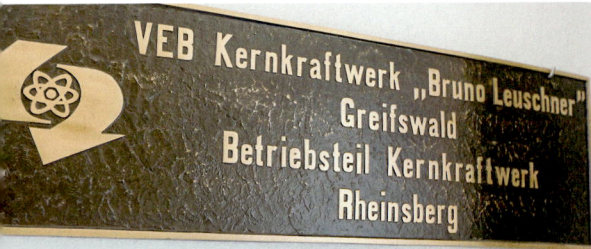

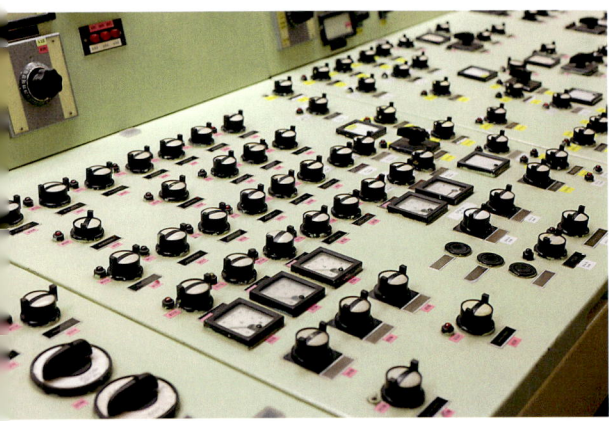

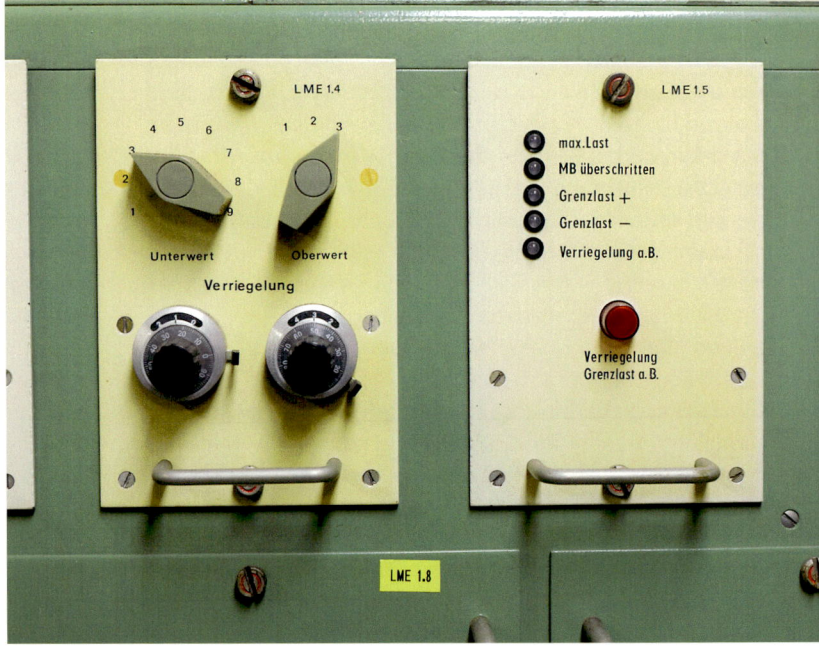

»Es ist sicher, dass in Rheinsberg mehr Geld für den Bau, den Betrieb und die anschließende Stilllegung ausgegeben wurde, als das Kraftwerk durch die Stromerzeugung eingebracht hat«, gab Herr Möller zu. Er sagt, es sei Wahnsinn, Atommüll in einem tiefen Loch unter der Erde zu lagern, aus dem man ihn nicht mehr herausbekommt – so wie es die derzeitige Lösung zur Entsorgung des Mülls vorsieht.

Herr Müller ist durch und durch nuklear. Ab 1984 arbeitete er in Rheinsberg, sein Vater war an dem Bau des Kraftwerks beteiligt. Und dennoch hatte er einige überraschende Ansichten parat. »Ich denke, wir kommen auch ohne Atomkraft aus«, sagte er, bevor er die Braunkohle für ihren Anteil am Klimawandel kritisierte. Er behauptete, es würden mehr Menschen an den Folgen des Klimawandels sterben als durch Atomunfälle – Nagasaki und Hiroshima eingeschlossen. »Es ist klar, dass es keine perfekte Energiequelle gibt.«

Derzeit arbeiten noch 120 Menschen in der Anlage in Rheinsberg. Es ist eben nicht so einfach, bei einem Kernkraftwerk den Stecker zu ziehen.

Kino Hubertus und Villa Schade

Die Einsamkeit der Zeit

The loneliness of time

Zwei Häuser in Waidmannslust klammern sich ans Leben, bekämpfen die Einsamkeit mit irdischem Besitz, bevor auch sie ihren unausweichlichen Weg gehen.

Ein »Tagesspiegel« vom 18. Dezember 1968 lag auf dem Küchentisch, die Titelseite berichtete von einem schrecklichen Schneesturm, der Dänemark getroffen hatte. Er muss auch durch dieses alte Haus gefegt sein.

Alte Zeitschriften wetteiferten in dem Chaos mit einst geliebten Dingen um Aufmerksamkeit. Blätter lagen herum, Küchenutensilien waren überall verstreut, Schubladen herausgezogen, der Inhalt ausgekippt, Kleidungsstücke stapelten sich und Möbelstücke waren umgeworfen. Im Wohnzimmer stellten Plastikpflanzen an den Fenstern ihre Unsterblichkeit zur Schau, umrahmt von ausgefransten Gardinen. Ein Klavier stand gleichmütig im zaghaften Sonnenlicht, Notenblätter auf den Tasten, ein zurückgezogener Stuhl wartete auf die Rückkehr des Musikers.

Das Haus diente einst dem verfallenen Kino gleich dahinter. Ursprünglich war es ein Restaurant und Ballhaus, der

Two houses clung to life in Waidmanslust, fighting loneliness with earthly possessions before they too went their inevitable way.

A Tagesspiegel from December 18, 1968 lay upon the kitchen table, its front page reporting on a terrible snowstorm that hit Denmark. It must have ripped through the house, too.

Old magazines competed with formerly cherished belongings for attention in the chaos. There were papers scattered everywhere, kitchen implements strewn about, drawers pulled open, contents spilled, clothes piled up, and furniture overturned.

Plastic plants flaunted their immortality beside windows framed by fraying curtains in the living room. A piano sat serenely in the reluctant sunlight, sheets of music above the piano keys, a chair pulled back waiting for the musician to return.

The house once served the ruined cinema just behind. It had begun life as a restaurant and dancehall, the "Waidmannshof" built by the innkeeper Otto Kuchenbecker in 1894.

»Waidmannshof«, 1894 von dem Wirt Otto Kuchenbecker gebaut. Ein Namensvetter, Otto Arlt, übernahm das Gebäude und begann im Spätsommer 1921 – zwei Jahre nachdem der erste Stummfilm in Waidmannslust zu sehen gewesen war – damit, dort ein bis zwei Mal pro Woche Filme zu zeigen.

Obwohl das Haus jetzt »Waidmannsluster Lichtspiele« hieß, war es weiterhin Treffpunkt und Ort zum Feiern, an dem zwischen all den Filmpremieren getanzt und getrunken wurde. Jeder Waidmannsluster, der etwas auf sich hielt, kam hier vorbei, um sich die Filmvorführungen auf der großen Leinwand anzuschauen, schreibt Manfred Mendes in seinem Buch über Waidmannslust.

Im März 1923 beklebte Arlt einen Lieferwagen mit Postern, an Bord waren auch drei Trompeter. So fuhr er umher und bewarb die neuesten Blockbuster.

Es war ein großes Spektakel, als Alfred Pietsch im Sommer 1929 – begleitet von vielen Feierlichkeiten – den Ballsaal zu einem richtigen Kino mit 333 Plätzen umbauen ließ. »In seinem geschmackvollen roten Anstrich ist der Saal nicht wie-

Another Otto, Otto Arlt, took over and began showing moving pictures once or twice a week in late summer 1921, two years after the first silent film was shown in Waidmannslust.

Despite being called the "Waidmannsluster Lichtspiele," it retained its function as a meeting venue and place for merriment, with dancing and drinking in between all the frequent film premieres.

Any Waidmannsluster who was anyone used to flock here for the big screen performances, according to Manfred Mendes' book about Waidmannslust.

In March 1923, Arlt had a van plastered in posters with three trumpeters on board drive around to announce the latest blockbuster.

There was a huge hullabaloo and more celebrations when Alfred Pietsch converted the dance hall into a proper cinema with 333 seats in the summer of 1929.

"The hall is unrecognizable in its tasteful red coat of paint," reported the Hermsdorf-Waidmannsluster Zeitung at the time. "A series of electric bulbs line the wall like pearls.

derzuerkennen«, schrieb die »Hermsdorf-Waidmannsluster Zeitung« zu jener Zeit. »Eine Perlenreihe elektrischer Birnen um säumt die Wände. Die ehemalige Bühne ist jetzt Loge. Ihr gegenüber befindet sich der Orchesterraum.« Das Blatt schrieb weiter, die ersten Filme an diesem Sonntag seien »richtig gut« gewesen und die Kindervorführung sogar noch besser, denn es war »kein Platz mehr frei (...). Hier gab die Leinwand noch mehr Veranlassung zum Lachen und davon wurde seitens der Jungens und Mädels fröhlichster Gebrauch gemacht.«

Kinobesuche waren ein Ereignis, das im Vorfeld, aber auch danach viel Gesprächsstoff bot. In den 1920er Jahren waren sie für die Menschen, die sich durch die Jahre der Hyperinflation und der Rezession kämpften, eine willkommene Abwechslung.

Im Januar 1931 übernahm Anton Glombeck das Kino und renovierte es erneut, als die ersten Tonfilme Waidmannslust erreichten. 1931 wurde es in »Capitol Lichtspiele Waidmannslust« umbenannt und ab 1938 hieß es »Hubertus-Lichtspiele«.

The former stage is now boxes. The orchestra pit is opposite them." The paper went on to say that the first films shown that Sunday were "really good" and that the kids' shows were even better, "with hardly a free place left. The screen gave even more reason to laugh and made the boys and girls the happiest of all."

Cinema visits were an event to be discussed before and afterward. In the 1920s, they were a treat for people trying to get through the hyperinflation years and depression.

Anton Glombeck took over and modernized the cinema again in January 1931, when the first films with sound reached Waidmannslust. The Kino was renamed the "Capitol Lichtspiele Waidmannslust" in 1933 and the "Hubertus-Lichtspiele" in 1938. Alfred Lehmann became owner in 1939 and it maintained its popularity even through the dark days of the war.

Films provided escape for the hard-hit locals after the war, too, except for one day a week when it was reserved exclusively for the occupying French soldiers. This was the French sector of West Berlin, after all. But the French were often *en*

1939 wurde Alfred Lehmann neuer Eigentümer. Das Kino blieb auch während der dunklen Kriegsjahre überaus beliebt.

Auch nach dem Krieg boten die Filme den gebeutelten Anwohnern eine kurze Fluchtmöglichkeit, abgesehen von jenem Wochentag, an dem das Kino den französischen Besatzungssoldaten vorbehalten war. Immerhin lag es im französischen Sektor West-Berlins. Aber die Franzosen waren häufig zu spät oder tauchten gar nicht erst auf. Wenn sie sich aber doch die Mühe machten, zu kommen, mussten alle Anwohner, die sich ins Kino geschlichen hatten, ihre Plätze wieder verlassen.

Während der Blockadezeit gab es Probleme bei der Stromversorgung und so wurden Filme durchaus auch mal jäh unterbrochen, wenn sie gerade spannend wurden. Plötzlich wurde den Franzosen ihre Unpünktlichkeit vergeben und die Sowjets waren wieder die Bösen.

1950 zeigten die »Hubertus-Lichtspiele« von Montag bis Freitag »Die Gräfin von Monte Christo«, von Dienstag bis Donnerstag »Eine Nacht im Séparée« und am Samstag, dem 1. Juli, um 22 Uhr in der Abendvorstellung »Die rote Mühle«.

retard, and sometimes didn't turn up at all. On the days they were bothered showing up, any locals who had snuck into the cinema would have to leave their seats again.

There were also problems with electricity during the blockade, when films would cut out just as they were getting exciting. Suddenly the French were forgiven for their tardiness – the Soviets were the bad guys again.

In 1950, the Hubertus-Lichtspiele was showing "Die Gräfin von Monte Christo" from Monday to Friday, "Eine Nacht im Séparée" from Tuesday to Thursday, and "Die rote Mühle" was the late show at 10pm on Saturday, July 1.

The cinema boom of the early to mid 1950s didn't last and fewer people began to come as many got their own personal cinemas at home. Television, the drug of the nation, brought the curtain down on many an independent Kino.

In early 1962, the Hubertus-Lichtspiele closed down due to a lack of business. It seems Lehmann was still the owner at this stage. Apparently he used to let kids in if there were any free seats before a film started.

Der Kinoboom der frühen 1950er Jahre war jedoch nicht von Dauer. Es kamen weniger Menschen, da immer mehr nun ihr eigenes Kino zuhause hatten. Die Volksdroge Fernsehen ließ in vielen unabhängigen Kinos den Vorhang für immer fallen.

Anfang des Jahres 1962 schloss das Kino infolge des ausbleibenden Geschäfts. Eigentümer des Hauses war wohl immer noch Lehmann – der sich wohl angewöhnt hatte, Kinder in den Saal zu lassen, wenn kurz vor Filmbeginn noch Plätze frei waren.

In den folgenden Jahren wurde das Kino eigentlich nur noch als Lagerraum genutzt. Als das Dach des Gebäudes im Sommer 2008 einstürzte, starb ein weiterer Teil von ihm.

Zwei Türen weiter befindet sich die ehemalige Villa des Juweliers Friedrich Schade in einem ähnlichen Zustand. Doch die zwei Gebäude sind auch durch das Schicksal miteinander verbunden.

Schade war ein hochangesehener älterer Mann, einer der Pioniere in Waidmannslust. Er hatte sein Grundstück gekauft,

The cinema was used for storage and little else in the years that followed. Another part of it died in 2008 when the roof collapsed in the summer.

Two doors further up, another villa once belonging to former jeweler Friedrich Schade languished in a similar condition. The two houses were to share the same fate.

Schade was a very well respected elderly man, one of the first Waidmannslust pioneers. He bought his plot of land when it was still a fledgling colony. Waidmannslust only took off after 1884 when the S-Bahn station was opened, with trains stopping on request.

It was around this time Schade built his villa, which was extended in 1896 with a balcony and beautiful wintergarden on the first floor.

Schade presented the newly opened local church with its organ in 1913, but he lost his assets ten years later due to the Weimar Republic hyperinflation.

He also lost his wife. After she died, Schade hired a nurse, the 44-year-old Fraulein Goldhahn. But Goldhahn ensured

als Waidmannslust noch in den Kinderschuhen gesteckt hatte. Waidmannslust kam erst nach 1884 in Mode, als die S-Bahn-Station eröffnet wurde und die Züge hier auf Wunsch hielten. Etwa zu jener Zeit baute Schade seine Villa, die er 1896 um einen Balkon mit einem wunderschönen Wintergarten im ersten Stock erweiterte.

1913 stiftete er noch der kurz zuvor fertig gewordenen Dorfkirche eine Orgel, aber zehn Jahre später verlor er sein Vermögen infolge der Hyperinflation. Und er verlor auch seine Frau. Nach ihrem Tod stellte Schade die 44-jährige Krankenpflegerin Fräulein Goldhahn ein. Sie sorgte dafür, dass er sich mehr und mehr aus der Öffentlichkeit zurückzog und zu einem Einsiedler wurde. Dies ging so weit, dass seine Fensterläden dauerhaft geschlossen blieben und er überhaupt nicht mehr gesehen wurde.

Eines Tages, als Goldhahn gerade einkaufen war, gelang es Schade, einen Arbeiter, der sich zufällig gerade im Haus befand, loszuschicken, um Hilfe zu holen. Herr Röhler, ein Zahnarzt, kam vorbei und war schockiert, als er sah, in wel-

that he withdrew from public life and became more and more recluse, till it reached the stage his window blinds were constantly pulled down and he wasn't seen at all anymore.

One day, when Goldhahn was out shopping, he managed to send a workman who happened to be in the house for help. Herr Röhler, a dentist, turned up and was shocked to discover Schade's condition – just skin and bone, almost a skeleton, with a gaping wound at the back of his head. The house was filthy, revolting, with maggots crawling through leftovers in the kitchen.

A doctor attended to the appropriately named Schade. He discovered that for the previous two years the nurse had only given him bread, water and rubbish to eat, and she kept him tied to a bed in unwashed clothes. Goldhahn thought she could get rich through the hyperinflation years through Schade's inheritance. Desperation made people do crazy things. The Hermsdorf-Waidmannsluster Zeitung noted at the time that people should pay a little more attention to their neighbors.

chem Zustand sich der alte Mann befand – er war nur noch Haut und Knochen, fast ein Skelett, und hatte eine klaffende Wunde am Hinterkopf. Das Haus war schmutzig, widerlich und Maden tummelten sich in den Essensresten in der Küche.

Ein Arzt kümmerte sich um den nun zu recht Schade genannten Mann. Er stellte fest, dass die Krankenpflegerin ihm in den vergangenen zwei Jahren nichts als Brot, Wasser und Müll zu essen gegeben und ihn in seinen dreckigen Kleidern an ein Bett gebunden hatte. Goldhahn hatte gehofft, mit Schades Erbe als reiche Frau durch die Inflationsjahre zu kommen. Verzweiflung bringt Menschen dazu, verrückte Dinge zu tun. Die »Hermsdorf-Waidmannsluster Zeitung« schrieb in diesen Tagen, dass die Menschen ihren Nachbarn ein wenig mehr Aufmerksamkeit schenken sollten.

1930 verkaufte Schade die Villa zusammen mit dem dahinterliegenden Dienstbotenhaus an den Arzt Paul Helm, blieb aber im Haus bis zu seinem Tod wohnen. 1930 war Helm als Eigentümer registriert, der Rentner Schade als Mitbewohner. 1935 wurde nur noch Helm aufgeführt.

Schade sold it to a well-connected doctor, Paul Helm, in 1930, along with the servants' quarters just behind. Schade stayed at the house till his death.

Helm was registered as the homeowner in 1930, with pensioner Schade as a resident. Only Helm was registered in 1935.

Born August 24, 1888, Helm was originally from Braunschweig, where his father was the city practitioner. Helm worked as a military doctor during the First World War. After the war he moved to Berlin and married one of cinema owner Otto Arlt's three daughters. And so the houses' fate was linked.

A daughter, Irmgard, was born April 15, 1926. She also became a doctor and worked for the pharmaceutical industry, primarily in West Germany. Paul Helm died in 1965. Irmgard married her father's successor as resident doctor and she ended up handling the cinema for heraunts, Hildegard and Minna Arlt. Once it closed she rented it out for storage to a removals firm.

Irmgard Helm outlived her family but her life and theirs was left in the two houses to gather dust and lose all meaning amid the uncaring ignorance of time.

Der am 24. August 1888 geborene Helm stammte ursprünglich aus Braunschweig, wo sein Vater Stadtarzt gewesen war. Während des Ersten Weltkriegs arbeitete Helm als Militärarzt. Nach dem Krieg zog er nach Berlin und heiratete eine der drei Töchter des Kinobesitzers Otto Arlt. Und so führte das Schicksal die beiden Häuser zusammen.

Am 15. April 1926 wurde Helms Tochter Irmgard geboren. Auch sie wurde Ärztin und arbeitete für die Pharmaindustrie, vor allem in West-Deutschland. Paul Helm starb 1965. Irmgard heiratete den Nachfolger ihres Vaters als niedergelassener Arzt und leitete für ihre Tanten Hildegard und Minna Arlt das Kino. Als es schloss, vermietete sie die Räume an eine Umzugsfirma.

Irmgard überlebte ihre Familie, aber ihr und deren Leben blieben in den beiden Gebäuden zurück, um inmitten der gleichgültigen Ignoranz der Zeit zu verstauben und jegliche Bedeutung zu verlieren.

Königin-Elisabeth-Krankenhaus

Wenn das Krankenhaus zum Patienten wird

When the hospital becomes the patient

Das Königin-Elisabeth-Krankenhaus hat schon bessere Zeiten gesehen, Zeiten, in denen es gewohnt war, zu betreuen, sich zu kümmern. Heute kann man hier keine Behandlung mehr erwarten – es sei denn, man hat eine Krankheit, bei der es hilft, wenn einem ein Dach auf den Kopf fällt. Ich kenne viele solcher Menschen, aber die wissen gar nicht, dass sie krank sind.

Das Krankenhaus wurde nicht nach der Reliquie benannt, die das Blut aus den britischen Staatsfinanzen saugt, auch wenn sie vermutlich alt genug ist, sondern nach Königin Elisabeth von Preußen, gebürtig aus Bayern, die aus München wegheiratete. Ein weiser Zug von ihr.

Ihr Krankenhaus wurde am 14. April 1843 eröffnet, als sie wegen ihres Mannes Friedrich Wilhelm IV. immer noch Königin war. Die »Klein-Kinder-Kranken-Bewahr-Anstalt«, wie das Krankenhaus hieß, lag damals noch in Mitte und zog erst 1910 an jenen Ort in Oberschöneweide, um den es hier geht. Vorher war das Krankenhaus bereits nach Kreuzberg gezogen und trug seit 1844 den zumindest etwas bekömmlicheren Namen Elisabeth-Kinder-Hospital.

Königin-Elisabeth-Hospital has seen better days, days when it used to care, used to give a damn. Don't bother expecting any treatment there now unless you're plagued by an ailment that needs a roof falling on your head. I know plenty who are but they don't know they're ill.

The hospital wasn't named after the relic sucking the blood out of British public finances, though she's probably ancient enough, but Queen Elisabeth of Prussia, originally from Bavaria until she married her way out of Munich. A wise move.

Her hospital was established on April 14, 1843, while she was still queen on account of her husband, Friedrich Wilhelm IV. The "Small-Sick-Children-Preservation-Institution," as it was called, was based in Mitte at the time and didn't move to the site we're concerned with at Oberschöneweide until 1910. It moved to Kreuzberg before that, getting the slightly more palatable name of Elisabeth Children's Hospital in 1844.

Once it moved to the 130-bed facility at Oberschöneweide (Karlshorster Straße at the time, now Treskowallee), a depart-

Mit der Übersiedlung in den Komplex in Oberschöneweide (damals Karlshorster Straße, heute Treskowallee) mit 130 Betten kamen die Abteilungen für Innere Medizin und Chirurgie für Erwachsene hinzu. Das Krankenhaus wurde in Königin-Elisabeth-Krankenhaus umbenannt, um den neuen umfassenden Ansatz auch nach außen zu tragen.

Bei einer Scharlach-Epidemie im Jahr 1913 kämpfte das Krankenhaus mit einer starken Überbelegung. In der Folge wurde beschlossen, die weniger ausgelastete Kinderklinik zu verkleinern. Dann brach der Erste Weltkrieg aus und viele Ärzte und Diakonissen des Krankenhauses wurden an die Front geschickt, um die Patienten gleich vor Ort zu betreuen. Ein Militärkrankenhaus mit 150 Betten wurde neben dem Krankenhaus in Oberschöneweide errichtet, um die Patienten aufzunehmen, die von der Front zurückkamen.

Auch nach dem Krieg wurde es nicht viel besser – Schuld waren der Konjunkturrückgang, die Hyperinflation und all das. Erst 1924 konnte das Krankenhaus seinen Normalbetrieb wieder aufnehmen. Gerade als es danach aussah, dass sich

ment for internal medicine and surgery for adults was created and it was renamed the Königin-Elisabeth-Hospital (Queen Elisabeth Hospital) to reflect the new all-inclusive approach to patients.

An epidemic of scarlet fever in 1913 caused severe overcrowding and it was decided after that to reduce the hospital's less busy kids' department.

Then the First World War broke out and a lot of its doctors and deaconesses were sent off to the fronts to look after patients at the source of their problems. A military hospital with 150 beds was set up alongside the civil hospital in Oberschöneweide to cope with patients returned back from the front.

Things weren't all that much better after the war, what with the depression and hyperinflation and all that. It was 1924 before the hospital could really get going again.

Just when things seemed to be looking up, however, Germany caught Naziitus. It seemed innocuous at first; the early symptoms, no one believed the warnings, none but a few could tell it would develop into something so devastating.

die Lage etwas entspannen würde, fing sich Deutschland eine Naziitis ein. Zu Beginn schien es harmlos; die ersten Symptome wurden nicht gesehen, niemand hörte auf die Warnungen. Nur einige wenige hatten damit gerechnet, dass es sich zu etwas derart Verheerendem entwickeln würde.

Als die Nazis 1933 die Macht übernahmen, hatte dies Auswirkungen auf alles – auch auf das Krankenhaus. Der Chefarzt der Inneren Klinik, Dr. Walter Wolff, musste 1936 das Königin-Elisabeth-Krankenhaus wegen »nicht-arischer Abstammung« verlassen. Prof. Dr. Richard Dobbertin, Leiter der chirurgischen Abteilung, kündigte und ging im selben Jahr in den Ruhestand. Wolff wurde nach dem Zweiten Weltkrieg, im September 1945, wieder eingestellt. Ich vermute, er war einer der Glücklichen.

In der Zwischenzeit hatten die Sowjets das Kommando übernommen. Sie nutzten anfangs Teile des Krankenhauses als Militärkrankenhaus, das nicht mehr für jeden zugänglich war. Ab November 1945 wurden nur noch russische Soldaten versorgt, die restlichen Patienten wurden rausgeschmissen.

The Nazis took control in 1933 with implications überall. Chief internal department physician Dr. Walter Wolff had to leave the Königin-Elisabeth-Hospital in February 1936 due to being of "non-Aryan descent" and Prof. Dr. Richard Dobbertin, head of the surgical department, quit and went into retirement the same year. Wolff was reinstated after the Second World War, in September 1945. I guess he was one of the lucky ones.

By then the Soviets had taken over. They used part of the hospital as a military hospital initially and it wasn't so inclusive after that. It catered only to Russian soldiers from November 1945, when the rest of the patients were kicked out.

The Königin-Elisabeth-Hospital was effectively forced to move to another hospital in Lichtenberg, the Städtisches Krankenhaus Herzberge, which was renamed the Evangelisches Diakoniewerk Königin Elisabeth (EDKE) in 1980.

The Soviets remained at the Oberschöneweide hospital a few years after Mauerfall, until 1994. The EDKE bought the site back from the state in the early 1990s and initially had

Das Königin-Elisabeth-Krankenhaus wurde in ein anderes Krankenhaus in Lichtenberg zwangsverlegt, das Städtische Krankenhaus Herzberge, das 1980 in Evangelisches Diakoniewerk Königin Elisabeth (EDKE) umbenannt wurde. Die Sowjets blieben auch nach dem Mauerfall noch einige Jahre im Oberschöneweidener Krankenhaus und gaben es erst 1994 auf.

Anfang der 1990er Jahre kaufte das EDKE das Gelände vom Land zurück. Anfangs sollte hier ein Ensemble aus Wohnungen, Pflegeeinrichtungen und einem Discount-Supermarkt entstehen. Doch aus diesen Plänen wurde nichts und man beschloss, das Gelände in Teilen zu verkaufen. Es wurde eine Schule für Menschen mit Behinderung gebaut, andere Gebäude wurden abgerissen und für ein Altenpflegeheim ein neues errichtet.

Von den ursprünglichen Häusern stehen nur noch zwei. Nun sind sie diejenigen, die dringend betreut werden müssen.

plans to develop a mixture of housing, nursing homes and a discount supermarket. But these plans were shot down and it was decided to sell the site in separate parts. A school for people with disabilities was built, other buildings were torn down and a new building was built for an elderly care center.

The two buildings remaining are the last ones standing. Now they're the ones in desperate need of care.

MS Dr. Ingrid Wengler

Ein bürokratisch gebundener Kahn

Bureaucracy-bound barge

Bürokratie ist buchstäblich dafür verantwortlich, dass dieses Schiff auf Grund gelaufen ist. Es trägt den Namen »MS Dr. Ingrid Wengler«, benannt nach der großen Liebe des Eigentümers, einer Chirurgin im Dreifaltigkeits-Hospital in Lippstadt. Sie wurde am 23. Oktober 1979 bei einem Motorradunfall auf der Autobahn zwischen Lippstadt und Berlin in der Nähe von Burg getötet. »Sie hat eine nie geschlossene Lücke hinterlassen«, sagt der Schiffsbesitzer Franz Günther van de Lücht über seinen Verlust. Nun hinterlässt das Schiff, das ihren Namen trägt, eine weitere Lücke, ganz so, als wäre sie erneut gestorben.

Es war ein schönes Boot, das 1959 von den Gebrüdern Sander in Delfzijl in Groningen, Niederlande, gebaut wurde. Ursprünglich wurde es als Frachtschiff in niederländischen Küstengewässern und auf holländischen und deutschen Binnenschifffahrtsstraßen eingesetzt.

180 Tonnen schwer, wurde es Anfang der 1980er Jahre in Nürnberg zu einem Fahrgastschiff umgebaut und für die Müritz, das größte komplett in Deutschland gelegene Bin-

Bureaucracy is to blame, literally, for the grounding of this ship. She's called the MS Dr. Ingrid Wengler after the owner's true love, a surgeon at the Dreifaltigkeits-Hospital in Lippstadt. She was killed in a motorcar accident on the Autobahn between Lippstadt and Berlin near Burg on Oct. 23, 1979.

"She left a hole that never closed," barge owner Franz Günther van de Lücht says of his loss. Now the ship that bears her name leaves another one, as if she's gone again.

It was a fine boat, built by the Sander brothers in Delfzijl, Groningen, the Netherlands in 1959. Initially it was used for shipping cargo around Dutch coastal waters and also Dutch and German inland waterways.

The 180-ton-boat was converted to a passenger ship in Nuremberg in the early 1980s and approved for use on the Müritz, the biggest lake entirely in Germany, and Lake Schwerin, not far away in Mecklenburg-Vorpommern.

It had three decks, with engine, store and crew cabins below, the captain's cabin, galley, bar and deck saloon just above (of course the captain would have to be close to the

nengewässer, und den nahen Schweriner See in Mecklenburg-Vorpommern zugelassen.

Das Schiff hatte drei Decks. Im Unterdeck waren der Maschinenraum, Lagerräume und die Kabinen der Besatzung untergebracht. Die Kabine des Kapitäns, die Kombüse, die Bar und der Decksalon lagen direkt darüber – selbstverständlich war der Kapitän in der Nähe der Bar untergebracht. Das dritte war das Oberdeck. Auf dem Unterdeck gab es acht Gästezimmer mit Bad und auf dem Zwischendeck eine sogenannte Eignerkabine.

Laut der »Morgenpost« kaufte van de Lücht das Schiff 1975. Recht viel von dem, was die »Morgenpost« schreibt, stimmt nicht mit dem überein, was van de Lücht selbst sagt, daher sollten diese Fakten mit Vorsicht genossen werden.

»Schifffahrt und van de Lücht sind unzertrennbar«, wird dieser zitiert. Er war es, der das Schiff mit einer Mahagoni-Bar, einem Kapitänstisch aus Ahornholz und Möbeln aus heller Eiche zu einem komfortablen Passagierschiff umbauen ließ. 1984 war es startklar, sein Heimathafen war der Höchster

bar), and then the third upper deck. There were eight double en-suite cabins for guests on the lower deck, and a so-called owner's cabin on the middle deck.

According to the Berliner Morgenpost, van de Lücht bought the boat in 1975. A lot of other stuff they say doesn't correspond with what he says, so these facts should be handled with caution.

"Shipping and van de Lüchts are inseparable," he is quoted as saying.

It was he that converted the ship for passenger comfort, with a mahogany bar, a maple captain's table, and furniture made of light oak. It was ready for action in 1984, its home port Höchst, Frankfurt-am-Main.

Van de Lücht offered trips to France by the Rhine and Moselle, to Nancy and Strasbourg. Then Mauerfall opened the DDR waterways and van de Lücht realized a dream.

"I always had an inner yearning for Mecklenburg," Morgenpost says he said. The first trip in the new world took place in

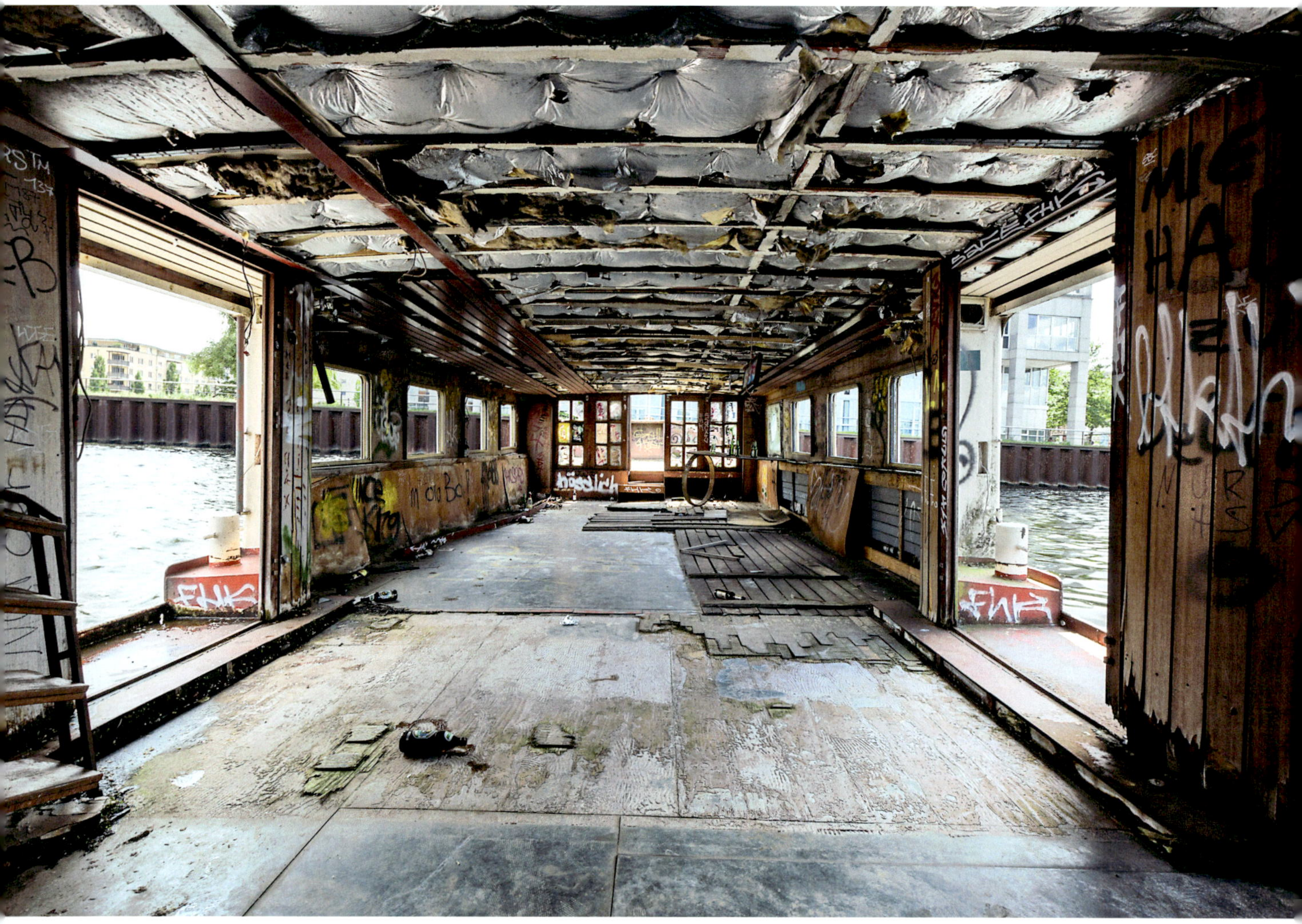

Hafen in Frankfurt am Main. Van de Lücht bot Reisen über den Rhein und die Mosel nach Frankreich an, nach Nancy und Straßburg. Der Mauerfall öffnete die Wasserstraßen der DDR und für van de Lücht wurde ein Traum war. »Ich hatte immer eine innere Sehnsucht nach Mecklenburg«, so der Schiffseigner laut »Morgenpost«.

Die erste Reise in die neue Welt soll im Juni 1990 stattgefunden haben, vom Palast der Republik ging es zur Müritz. Es muss überwältigend gewesen sein!

Zwei Jahre später wurden die Gewässer jedoch durch einen Streik der Schleusenwärter unruhig. Kreuzfahrten waren nicht möglich, die Gäste verlangten ihr Geld zurück. Als weitere Probleme hinzukamen, musste van de Lücht Insolvenz anmelden. Das Schiff wurde gepfändet und an der Stralauer Halbinsel in Berlin vor Anker gelegt. Aber er gab nicht auf, lebte an Bord des Schiffes und hielt weiterhin an seinem Traum fest.

Dann kam der 17. Oktober 1996. Van de Lücht hatte an diesem Tag einen Termin in der Berliner Wirtschaftsverwaltung. Doch als er von dem scheinbar viel versprechenden Gespräch

June 1990, leaving from Palast der Republik to the Müritz. It must have been magnificent!

Two years later, however, the waters became troubled on account of a strike that included lockkeepers. No cruises were possible and guests wanted their money back. Further problems contributed to van de Lücht declaring bankruptcy in 1992. The ship was seized and anchored to the Stralau peninsula in Berlin. But he didn't give up. He lived on the boat and kept his dreams alive.

Then came October 17. 1996. Van de Lücht had an appointment with the Berlin Senate's office for business and investment. It was apparently an encouraging discussion but when Van de Lücht got back to his boat he found it was gone. His home, his clothes, belongings, all gone. The Berlin Waterway and Shipping Authority had towed the boat away!

They said the ship had been moored for years at Stralau without permission for commercial shipping, that they'd asked van de Lücht to remove it but he'd declined to do so. He said he'd appealed within the deadline, but to no avail.

zurückkehrte, war das Schiff verschwunden. Sein Zuhause, seine Kleidung, sein Hab und Gut – alles weg. Das Wasser- und Schifffahrtsamt hatte das Boot weggeschleppt!

Sie sagten, das Schiff habe in Stralau jahrelang ohne Handelsschifffahrtszulassung geankert. Van de Lücht sei gebeten worden, das Schiff zu entfernen, aber er habe sich geweigert. Er selbst gibt an, er habe innerhalb der Frist Beschwerde eingereicht, aber ohne Erfolg.

Das Schiff war an seinen jetzigen Standort zwischen Molecule Man und Badeschiff gebracht worden. Es war jedoch nicht winterfest und so froren Leitungen ein und platzten; es verfiel. Van de Lücht klagte gegen das Wasser- und Schifffahrtsamt, doch er verlor den Prozess. Mehr als 20 Jahre später liegt das Schiff immer noch dort – festgesetzt in der Spree und voll Sehnsucht endlich freizukommen.

The boat was brought to its current location between the Molecule Man sculpture and Badeschiff. It wasn't been proofed against winter. Pipes froze and burst; it deteriorated. Van de Lücht brought a case against the Waterway and Shipping Authority but lost. More than twenty years later, the boat's still there, stuck in the Spree, dying to be free.

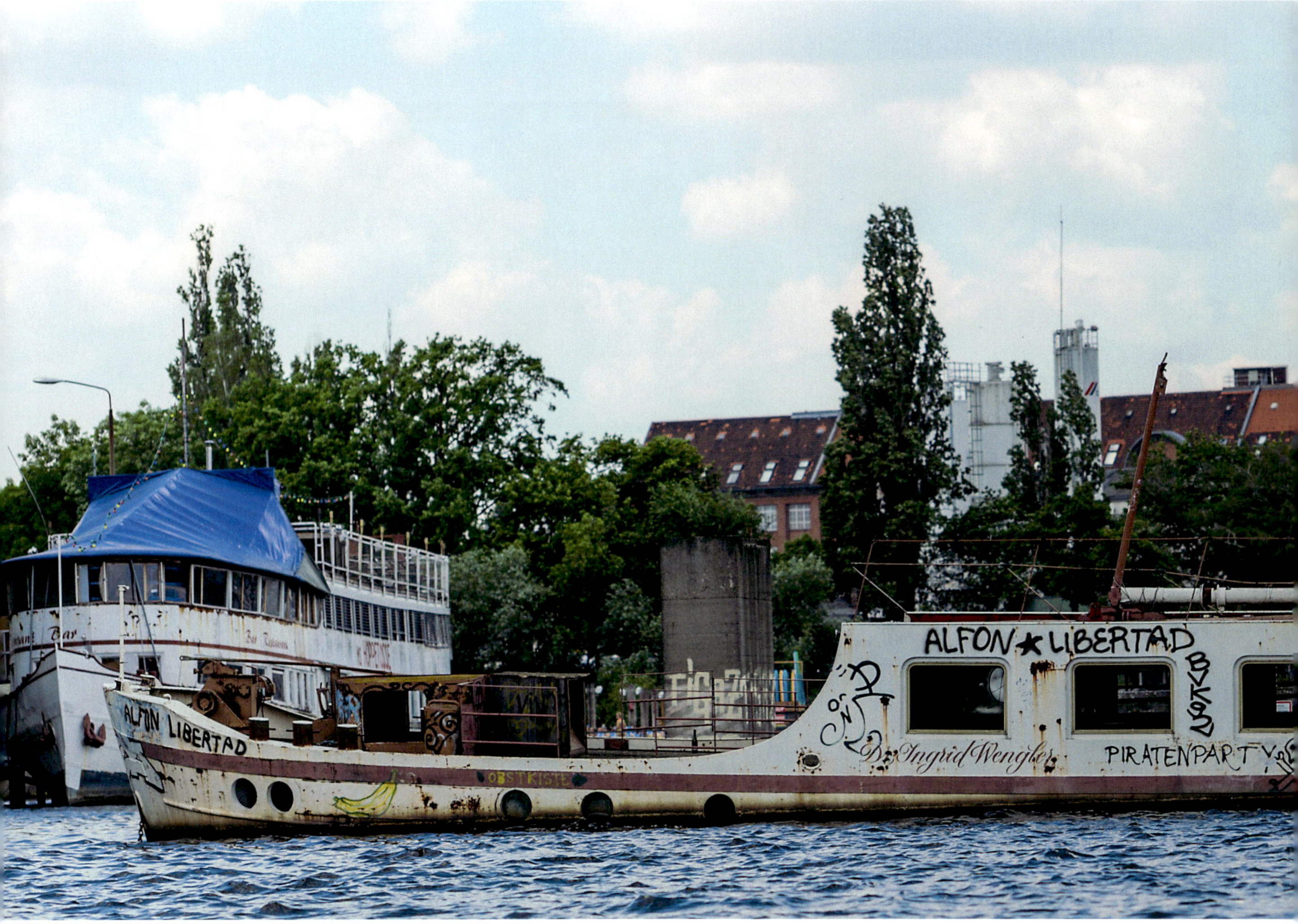
ALFON★LIBERTAD
ALFON LIBERTAD
Dr. Ingrid Wengler
PIRATENPARTY
OBSTKISTE

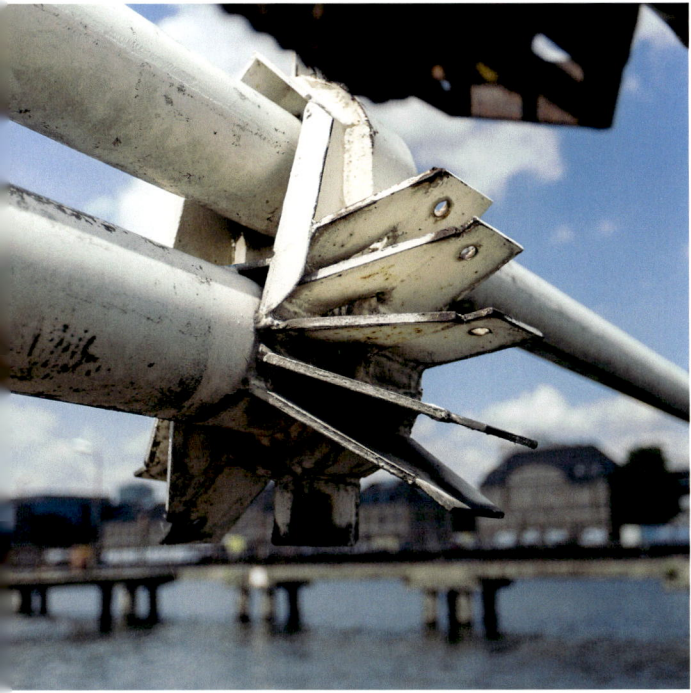

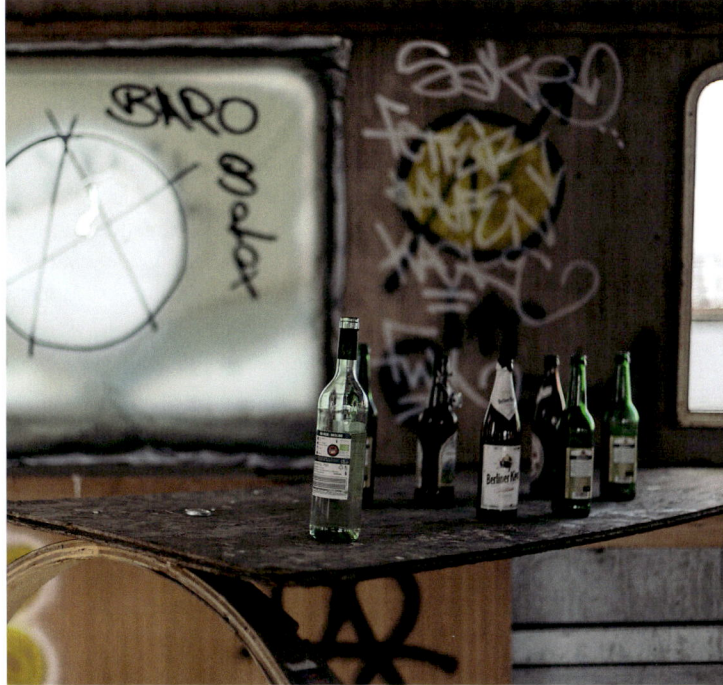

Regierungskrankenhaus der DDR

Hospitäler für
Staat und Stasi

East German government
and Stasi hospitals

Angst lässt unsere Schritte leichter werden. Die Zäune können nur eins bedeuten. Die geparkten Autos, die mobilen Häuschen. Auch die Scheinwerfer waren an und leuchteten. Mit Sicherheit gab es Schilder, die uns verscheuchen sollten. Vorsichtig suchten wir uns einen Weg um die Gebäude herum. Wenn wir ins Regierungskrankenhaus der DDR hineinwollten, mussten wir aus der Deckung kommen. Wir konnten uns hier nirgends verstecken.

Ich sah den Hund, bevor er mich entdeckte. Mist. Ich sagte dem jungen Kerl, der mich begleitete, er solle mir folgen, als ich vorsichtig den Rückzug startete. »Da drüben ist ein Hund!«

Nun sah der Hund uns doch, kam auf uns zu und bellte wie verrückt. Eine Sicherheitsfrau tauchte auf und rief den Hund zurück. Zum Glück hielt der Zaun den Hund auf. Er stand da und bellte, da war kein Durchkommen.

Die Frau sagte uns, dass wir hier nichts zu suchen hätten. Das wusste ich schon. Ich wurde nicht zum ersten Mal erwischt. Mein vorheriger Besuch hatte ein jähes Ende gefunden, als zwei Wachmänner mit quietschenden Reifen neben

Fear makes your footsteps lighter. The fences can only mean one thing. The parked cars, the portable cabins. The spotlights too, all on, blazing. No doubt there were notices, warning us away. We gingerly picked our way around the buildings, forced to reveal ourselves, nowhere to hide if we wanted to get into the East German government's private hospital (Regierungskrankenhaus der DDR).

I saw the dog before it saw me. Shit. I told the young fella to stop, follow me, as I started inching back. "There's a dog over there!"

But the dog saw us and bounded over, barking like mad. A security woman emerged, shouting after it. Thankfully the dog was stopped by the fence. It stood there, barking, no way through.

The woman told us we shouldn't be there. But I knew already. It wasn't the first time I was caught. My previous visit ended when two security guards screeched to a halt beside me in a car and asked me where I was going. I'd just left the building because I'd tripped a motion sensor alarm. WAA

mir hielten und mich fragten, wohin ich ginge. Ich hatte das Gebäude gerade verlassen, weil ich in einen Bewegungsmelder gelaufen war. WAA WAA WAA WAA WAA! Das hatte den Wachmännern vermutlich den Tipp gegeben.

»Ich mache gerade einen Spaziergang«, sagte ich ihnen, »und weil der Zaun kaputt war, bin ich hineingegangen.« Sie ließen mich laufen. Und auch die Frau ließ uns gehen, als sie sah, dass mein kleiner Kumpel und ich keine russischen Spione und auch keine vergrätzten früheren Krankenhausangestellten waren. Sie wickelte die Leine um die Schnauze ihres Hundes und sorgte so dafür, dass er uns nur noch anknurrte.

Wir verließen das Regierungskrankenhaus und liefen durch den Wald zur nächsten Station. Und schon bald standen wir auf dem Grundstück des ... Stasi-Krankenhauses! Die Spannung stieg wieder. Angst lässt die Schritte leichter werden. Wir gingen hinein ...

Die Krankenhäuser für die Regierung und die Stasi an der Hobrechtsfelder Chaussee in Buch waren wohl die geheimsten Gebäude der DDR. Niemand außer der Elite – Erich Honecker

WAA WAA WAA WAA! That presumably tipped off the security guys.

"I'm just out for a walk," I told them. "The fence was broken so I walked in."

They let me go. The woman did too, once she saw that my young sidekick and I weren't Russian spies or disgruntled former DDR government employees. She put her leash around the barking dog's muzzle, forcing it to make do with just snarling at us.

We left the Regierungskrankenhaus and made our way through the woods to another checkpoint. Soon we were on the premises of the Stasi Krankenhaus. The Stasi hospital! Tension levels rose again. Fear makes your footsteps lighter. We made our way in ...

The government and Stasi hospitals on Hobrechtsfelder Chaussee in Buch were arguably the two most secret buildings in the DDR. Nobody but the elite – Erich Honecker and his cronies, members of the central committee of the SED (the ruling communist party), esteemed officials, sporting and artistic

und seine Kumpanen, Mitglieder des Zentralkomitees der SED, hohe Funktionäre, Sport- und Kunstikonen samt ihrer Ehefrauen und Kinder – konnte im Erstgenannten Patient sein. Aktuelle wie ehemalige Mitglieder der gefürchteten Geheimpolizei wurden in Letzterem behandelt.

Die »Spezialklinik« für die Regierung wurde 1976 eröffnet, weil man das ursprüngliche Regierungskrankenhaus in der Scharnhorststraße in Berlin-Mitte nicht mehr als sicher genug ansah – es war verdammt nah an West-Berlin dran. Das ursprüngliche Krankenhaus war weiterhin gut genug für niedrigere Funktionäre, Botschafter, Künstler, Richter, Bezirksleiter und so weiter.

Das Stasi-Krankenhaus eröffnete 1980 neben dem Regierungskrankenhaus. Es hatte 650 Angestellte, fast 300 Betten und eine Flotte von zehn Krankenwagen. Das Krankenhaus galt als Bereich, für den »besondere Sicherheits- und Geheimhaltungsmaßnahmen erforderlich sind«. Folglich hatte es sogar eine Waffenkammer, die bei der Umsetzung dieser Maßnahmen behilflich sein sollte. Eine Waffenkammer in einem

icons, as well as their wives and kids – could be patients of the former, while members and former members of the dreaded secret police were treated in the other.

The government "Spezialklinik" opened in 1976 because the initial Regierungskrankenhaus on Scharnhorststraße in Berlin-Mitte wasn't deemed secure enough – too damn close to West Berlin. The original remained good enough for lesser officials, ambassadors, artists, judges, district heads and so on.

The Stasi hospital opened beside the Regierungskrankenhaus in 1980. There were 650 employees and almost 300 beds. It had a fleet of 10 ambulances. The hospital was considered a "special security and confidentiality area" and even had an armory with weapons to help it achieve its aim. An armory in a hospital!

Altogether, they formed the biggest hospital complex in Europe at the time. The Regierungskrankenhaus site covered 55,000 square meters, and its counterpart was no slouch either, at 45,000 square meters.

Krankenhaus! Zusammen bildeten die beiden Krankenhäuser zu jener Zeit der größte Krankenhauskomplex in Europa. Immerhin befand sich das Regierungskrankenhaus auf einem Areal von 55.000 Quadratmetern Größe und auch sein Stasi-Gegenstück war mit 45.000 Quadratmetern nicht gerade winzig.

Die Patienten wurden im Regierungskrankenhaus überaus zuvorkommend behandelt. Es war mehr wie in einem Interhotel als in einem Krankenhaus. Die 85 Patientenzimmer verfügten alle über Telefon und West-Fernsehen, auch westdeutsche Tageszeitungen waren vorhanden, wie der MDR berichtet.

Etwa 58 Ärzte – die besten des Landes und rund 25 Prozent besser bezahlt als ihre Kollegen anderswo in der DDR – und 115 Krankenschwestern kümmerten sich um die Patienten. Manchmal waren spezielle Antibiotika oder Medikamente in der DDR nicht zu bekommen, aber das war kein Problem. »Wenn wir etwas brauchten, sagten wir es unserer Hausapotheke. Die schickte einen Stasi-Mann mit der Aktentasche nach Westberlin. Und dann war das Medikament in zwei

The Regierungskrankenhaus' patients were treated like no other. It was more like an Interhotel than a hospital. The 85 patient rooms had telephones and TVs with West German stations, while West German newspapers were also provided, according to broadcaster MDR.

Some 58 doctors – the best in the DDR, paid 25 % more than their counterparts – and 115 nurses cared for the patients. Sometimes the special antibiotics or drugs they needed weren't available in the DDR, but that wasn't a problem.

"If we needed something, we'd say it to our in-house chemist. They'd send a Stasi man with a briefcase to West Berlin. Two hours later we'd have the medicine with us," according to senior physician Uwe-Jens Jürgensen, the only doctor to have fled the Regierungskrankenhaus in its 40 years between two sites.

Jürgensen treated SED Politbüro members Günter Schabowski and Joachim Herrmann, as well as foreign minister Oskar Fischer and defense minister Heinz Kessler, among others. Jürgensen planned to cross to the West with his wife, Elke

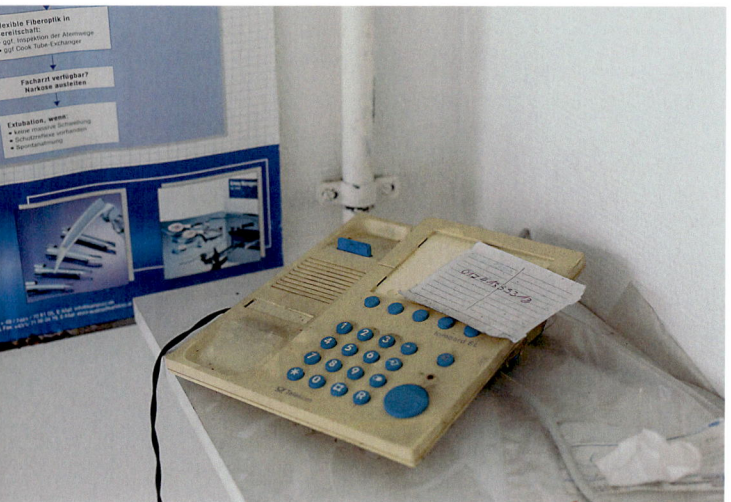

Stunden bei uns«, erzählte der ehemalige Oberarzt Uwe-Jens Jürgensen, der einzige Arzt, der in den 40 Jahren, die es das Regierungskrankenhaus an den beiden Standorten gab, flüchtete. Er behandelte in seiner Zeit dort unter anderem die Mitglieder des SED-Politbüros Günter Schabowski und Joachim Herrmann, Außenminister Oskar Fischer und Verteidigungsminister Heinz Kessler.

Jürgensen wollte mit seiner Frau Elke Margarita und der siebenjährigen Tochter in den Westen flüchten, doch ihr Plan wurde von seiner Mutter und seinem Stiefvater an einen Stasi-Beamten verraten, der einer ihrer Nachbarn war.

Als die Jürgensens am 1. August 1981 zu einem angeblichen Urlaub nach Ungarn aufbrachen, kamen sie nur bis zum sowjetischen Kriegsdenkmal im Treptower Park, wo sie von Stasi-Agenten angehalten wurden. Sie wurden von zwei Autos in eine Nebenstraße eskortiert, wo ein Wartburg wartete. Es gab kein Entrinnen.

Das Paar wurde zunächst für drei Monate im schrecklichen Stasi-Gefängnis in Hohenschönhausen festgehalten, bevor sie

Margarita, and their seven-year-old daughter, but their plan was betrayed by his mother and stepfather to a Stasi official who was one of their neighbors.

The Jürgensens were on their way for a supposed vacation in Hungary. They only got as far as the Soviet War Memorial in Treptower Park when they were stopped by Stasi agents on Aug. 1, 1981. Two cars behind followed into a side street where a Wartburg was waiting. There was no escape.

The Jürgensens were initially detained in the Stasi's terrible prison in Hohenschönhausen for three months before they were imprisoned on Nov. 10, 1981 for two years for "treasonous activity." Their daughter was put into a home. The couple described their ordeal in a book, "Erst verraten – dann verkauft" (First Betrayed, then Sold). They were bought free by the West Germans in 1984, thanks largely by the campaigning done by Elke's brother, Volker Ebers, a co-author of the book.

Back at the Regierungskrankenhaus, the food was fantastic, at least compared to the slop you're normally served in

am 10. November 1981 wegen »verräterischer Aktivitäten« zu einer zweijährigen Haftstrafe verurteilt wurden.

Ihre Tochter kam in ein Kinderheim. Die beiden beschrieben ihr Martyrium in dem Buch »Erst verraten – dann verkauft«. Sie wurden 1984 von den Westdeutschen freigekauft, hauptsächlich dank der Kampagne von Elkes Bruder, Volker Ebers, einem Mitautor des Buches.

Aber zurück zum Regierungskrankenhaus. Das Essen war fantastisch, zumindest im Vergleich zu dem Fraß, den man normalerweise in Krankenhäusern bekommt. Die Krankenhausautos waren großartig, luxuriöse Tatra 603, die in der Tschechoslowakei gebaut wurden. Noch mehr Aufmerksamkeit aber zogen die Krankenwagen auf sich, denn es handelte sich um umgebaute russische GAZ-13 Tschaikas.

Die Stasi bewachte den Komplex in Buch und sorgte dafür, dass keiner aus dem gemeinen Volk sich Zutritt verschaffte. Scheinbar gab es einen Stasi-Offizier, der das gesamte Personal überwachte. Er kannte die Namen fast aller, aber kaum jemand kannte seinen.

hospitals. The hospital cars were wonderful, luxury Tatra 603s built in Czechoslovakia, while the ambulances, converted Russian GAZ-13 Tschaikas, gathered even more attention than the Tatras.

The Stasi guarded the Buch complex, making sure no unwanted commoners made their way in. Apparently there was one chief Stasi official who kept tabs on all the staff. He knew everyone's name, but hardly anyone knew his.

Honecker had his own room set aside. Yet he ended up in among his Russian friends in the Soviet military hospital in Beelitz when he needed treatment for liver cancer in 1990. He fled for Moscow shortly afterward.

The Regierungskrankenhaus had the latest technology and the best medicines – often from Western pharmaceutical companies. Verboten for the general populace, but not for the top dogs of the DDR. The hypocrisy was astounding. They were so paranoid they even had a nuclear bunker built under the hospital in case the Cold War heated up. It never did. Instead their country fizzled out with barely a trace.

Erich Honecker hatte sich einen eigenen Raum einrichten lassen und dennoch landete er 1990, als er sich wegen Leberkrebs behandeln lassen musste, zwischen seinen russischen Freunden im sowjetischen Militärkrankenhaus in Beelitz. Kurz darauf floh er nach Moskau. Vielleicht war Honecker auf der Hut vor all den Spionen im Regierungskrankenhaus. Aber das Krankenhaus war mit der neuesten Technik ausgestattet und hatte die besten Medikamente – oft von westlichen Pharmaunternehmen. Was für die allgemeine Bevölkerung verboten war, galt nicht für die hohen Herren in der DDR. Deren Scheinheiligkeit war verblüffend. Sie waren so paranoid, dass es unterhalb des Krankenhauses sogar einen Atombunker gab – für den Fall, dass sich der Kalte Krieg erhitzen sollte. Das geschah nie. Stattdessen ist ihr Land verpufft und es ist kaum noch etwas davon erhalten. Geblieben sind nur die Ampelmännchen und die Erinnerungen an den Palast der Republik.

Ab dem 11. Januar 1990 wurde das Regierungskrankenhaus zu einem zivilen Krankenhaus und von nun an musste sich das Personal um ganz normale Bürger kümmern. Aber auch damit

Only Ampelmännchen and memories of Palast der Republik remain. The Regierungskrankenhaus was turned over to civil care on Jan. 11, 1990, when its doctors and staff were forced to take care of mere commoners.

But that only lasted until 2007, when the buildings were abandoned by the private hospital group Helios which had acquired them from the State in 2001.

Helios apparently left a load of files in a cabinet in one of the side wings of the Stasi hospital. The Berliner Zeitung called it "the file scandal in the former Stasi hospital," detailing how the folders with patient details going back to 1962 were discovered. Der Tagesspiegel said files from 25,000 people were involved. Both newspapers seemed surprised that files with personal information were simply left lying around, as if they'd never been to any abandoned building in Germany before.

Now the hospitals' fates are unclear. There was talk of demolishing the Stasi hospital to make way for apartments, while the Regierungskrankenhaus may yet find some other use. Capitalism will deal the final blow.

war 2007 Schluss, als die private Helios-Kliniken-Gruppe, welche die Gebäude 2001 vom Land Berlin erworben hatte, diese aufgab.

Allerdings hatte Helios anscheinend in einem der Seitenflügel des Stasi-Krankenhauses eine Ladung Akten in einem Schrank zurückgelassen. Die »Berliner Zeitung« nannte es den »Akten-Skandal im ehemaligen Stasi-Krankenhaus« und schilderte genau, wie die Krankenakten mit Patienteninformationen, die bis ins Jahr 1962 zurückgehen, entdeckt wurden. Laut »Tagesspiegel« ging es um Unterlagen von 25.000 Patienten. Beide Zeitungen zeigten sich überrascht, dass die Akten einfach so herumlagen. Es scheint, als wären sie noch nie in einem verlassenen Gebäude in Deutschland unterwegs gewesen.

Das Schicksal der beiden Krankenhäuser ist unklar. Es ist die Rede davon, das Stasi-Krankenhaus werde abgerissen, um Platz für Wohnungen zu schaffen, während für das Regierungskrankenhaus vielleicht noch eine Verwendung gefunden werden kann. Der Kapitalismus wird ihm recht sicher den Todesstoß versetzen.

Säuglings- und Kinderkrankenhaus Weißensee

Ein Krankenhaus für Zombies   Zombie hospital

In Weißensee gibt es ein Zombie-Krankenhaus. Früher war es für Kinder, aber die wurden von den Zombies gefressen, die jetzt hier wohnen. Sie stopften sich mit Kindern voll und fraßen auch ihre Gehirne. Jetzt nennen sie es ihr Zuhause und haben daraus ein Zombie-Krankenhaus gemacht. Zombie-Krankenwagen bringen kranke und verletzte Zombies zur Behandlung hierher. Nachdem sie ihre angeschlagenen Kumpels zusammengeflickt und wiederbelebt haben, fressen sie auch deren Gehirne. Gehiiiiiiiiiiirrrrrrrrne ... und sie rollen das »r« dabei so schön.

Genau wie die Zombies ist auch das Krankenhaus unheilbar krank. Nicht mal die Intensivmedizin könnte es noch retten. Vandalen haben es so oft angesteckt, dass es den zweifelhaften Ruf genießt, der am häufigsten in Brand gesteckte Ort Berlins zu sein.

Das Säuglings- und Kinderkrankenhaus Weißensee stand, wie andere Orte, die ich besucht habe, unter Denkmalschutz. Aber das hinderte die Investoren, die es 2005 kauften, nicht daran, es völlig zerfallen zu lassen und ihre Versprechen, die

There's a zombie hospital in Weißensee. It used to be for kids but they were all eaten, their brains gorged upon by the zombies that took their place.

Now they call it home, making it a zombie hospital. Zombie ambulances ferry sick and injured zombies to their care, and after they patch them up and resuscitate their ailing comrades, they eat their brains too. Braaaaaaaiiiiinnnnns. Or rather, Gehiiiiiiiiiiirrrrrrrrne... They're German zombies after all.

Like the zombies, the hospital itself is incurable. Not even intensive care could save it now. Vandals set the place alight so often it gained the dubious distinction of being one the most arson-attacked in Berlin.

Like others I've mentioned before, the Säuglings- und Kinderkrankenhaus Weißensee was under "Denkmalschutz" as a listed building, but that didn't prevent the investors who purchased it in 2005 from letting it fall to the ground as they went back on promises made to procure it from the city. Apparently a front for Russian investors, MWZ Bio-Resonanz

sie gemacht hatten, um das Gelände von der Stadt erwerben zu können, zu brechen.

Die MWZ Bio-Resonanz GmbH, hinter der sich offensichtlich russische Investoren versteckten, gab an, dort ein Gesundheitszentrum für Krebskranke errichten zu wollen. Und die Stadt konnte nicht mehr tun, als hilflos dabei zuzusehen, wie die Firma nach dem Kauf einfach gar nichts unternahm.

Der landeseigene Liegenschaftsfonds Berlin versuchte über Jahre hinweg, den Verkauf rückgängig zu machen, was 2015 schließlich gelang. Das Landgericht Berlin sprach das Objekt wieder der Stadt zu. Die Lokalpolitiker feierten den Sieg, indem sie verkündeten, dass dort Wohnungen gebaut werden sollen.

Die Geschichte des Kinderkrankenhauses begann im März 1908, als die Entscheidung fiel, das erste städtische Kinderkrankenhaus in Preußen zu bauen, um die zu jener Zeit steigende Kindersterblichkeitsrate einzudämmen. Die Bauarbeiten begannen im Juni 1909 unter der Leitung des berühmten Architekten Carl James Bühring. Er baute in Berlin noch viele andere Sachen und machte dann später in Leipzig weiter.

GmbH said it was going to build a cancer-treatment center here, but the powers that be could only watch helplessly as the company did precisely nothing after buying it.

The state-owned Liegenschaftsfonds Berlin tried for years to rescind the sale before success came in 2015 when Landgericht Berlin, a regional court, awarded the property back to the city. Local politicians celebrated by declaring plans for apartments.

The Kinderkrankenhaus' story begins in March 1908, when it was decided to build Prussia's first municipal children's hospital to help combat rising infant mortality rates at the time.

Construction got underway in June 1909, overseen by the prominent architect Carl James Bühring. He built a load of stuff in Berlin and then later in Leipzig.

On July 8, 1911, the hospital was inaugurated amid great fanfare on what was then-called Kniprodeallee. It had a little park for therapeutic purposes and – best of all – milk production facilities, with a cowshed, dairy and everything needed for milk storage and transportation.

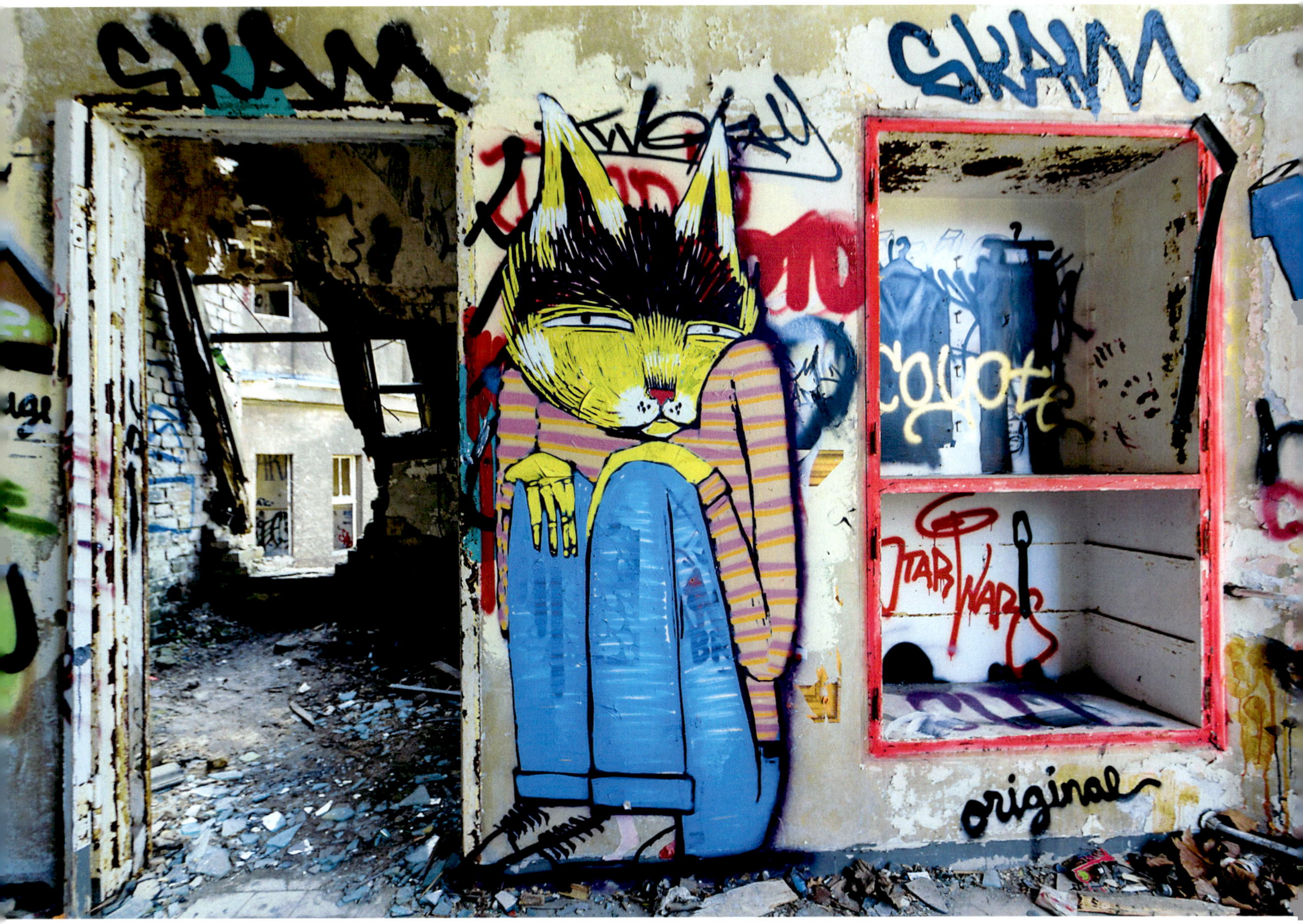
SKAM
SKAM
coyote
original

KINDER-

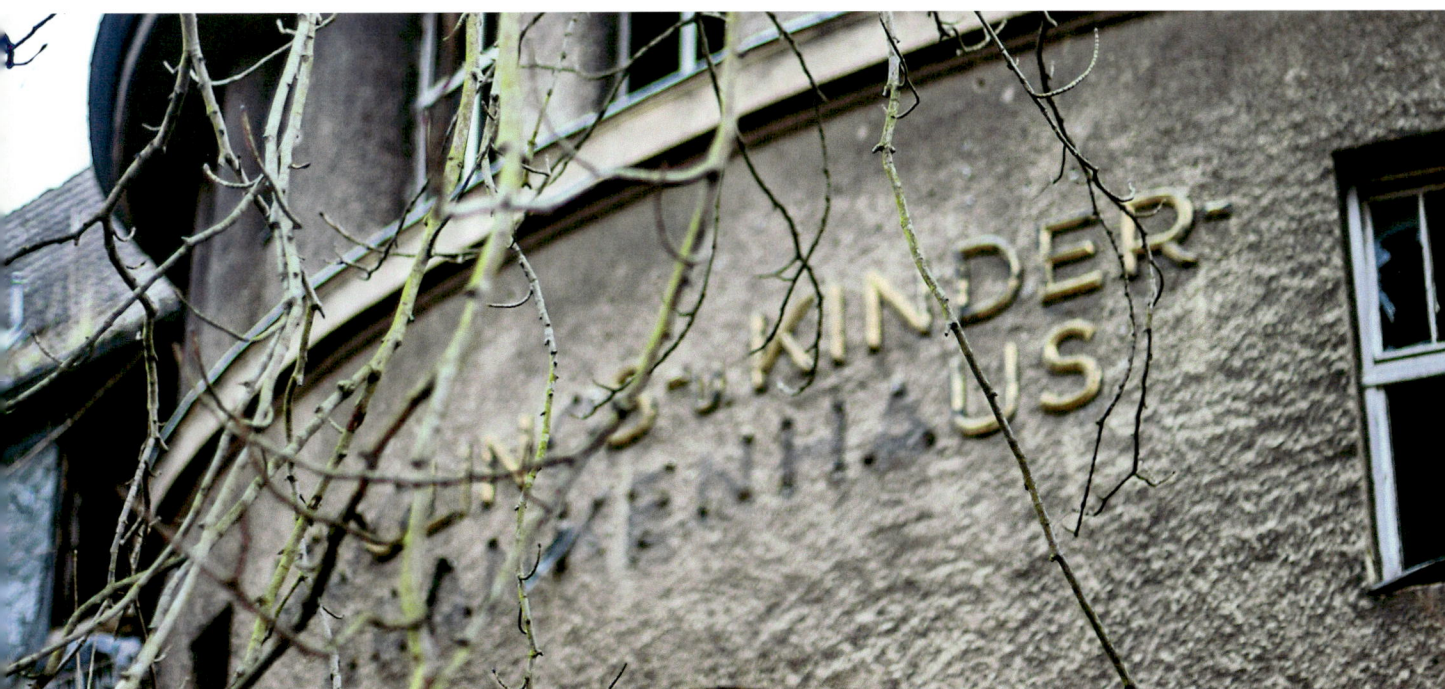

Am 8. Juli 1911 wurde das Krankenhaus an der damaligen Kniprodeallee mit großem Trara eingeweiht. Es verfügte über einen kleinen Park für therapeutische Zwecke und – jetzt kommt das Beste! – über eine »Milchkuranstalt« mit einem Kuhstall, einer Molkerei und was man sonst noch braucht, um Milch zu lagern und zu transportieren. Nicht nur galt das Kinderkrankenhaus als eines der besten überhaupt, hier fand auch vom 11. bis zum 15. September desselben Jahres der 3. Internationale Kongress für Säuglingsschutz statt.

Natürlich kamen im Laufe der Jahre weitere Gebäude hinzu, wie man an den unterschiedlichen und entgegengesetzten Baustilen erkennen kann.

Die Kühe wurden 1920 abgeschafft. Sie belieferten nun stattdessen die Stadt. 1965 wurde die »Milchkuranstalt« in eine Milchfarm in der Nähe von Heinersdorf eingegliedert.

1987 wurde das Krankenhaus noch einmal um einen Flügel erweitert, aber schon zum 1. Januar 1997 wurde das gesamte Unternehmen, nach 85 ½ Jahren im Dienst für Berlins jüngste Neuankömmlinge, ziemlich grausam geschlossen.

Not only was the hospital considered one of the best of its kind anywhere, but it hosted the Third International Congress for the Study and Prevention of Infant Mortality from September 9-15 that same year.

Of course, more buildings were added down the years, as can be discerned from their varying and contrasting styles, but the cows' facilities were done away with in 1920. Well, they catered instead to the city. Later, in 1965, the cows' successors were incorporated into a dairy farm in nearby Heinersdorf.

The hospital was again expanded with a new wing in October 1987, but the whole thing was cruelly shut down after 85½ years of service to Berlin's newest arrivals on January 1, 1997.

It's been lying idle ever since, punished repeatedly by weather and brainless zombies who insist on burning it. Bruised, battered and burnt, it pines for the days it used to welcome brand new little people into the world and care for bigger little people who suffered misfortunes.

But its lifeblood is denied and now the property speculators are circling. The zombies' days are finally numbered.

Seitdem steht es untätig in der Gegend herum, bestraft vom Wetter und hirnlosen Zombies, die es immer wieder aufs Neue anzünden. Zerschrammt, ramponiert und verbrannt sehnt es sich nach jener Zeit zurück, als es die Kleinsten auf der Welt willkommen hieß und sich um die größeren kleinen Menschen kümmerte, denen etwas zugestoßen war.

Aber dieser Wunsch wird ihm verwehrt und nun kreisen die Immobilienspekulanten um das Gelände. Die Tage der Zombies sind gezählt.

Schloss Dammsmühle

Das von Nazis und Stasi genutzte Märchenschloss

The fairytale castle used by Nazis and Stasi

Im Norden von Berlin steht ein Schloss mit Seeblick und einem hohen Turm, der perfekt für Rapunzel ist, um ihr Haar herabzulassen.

Doch beginnen wir am Anfang, als im 16. Jahrhundert eine bescheidene Mühle auf diesem malerischen Fleckchen Erde entstand. 1650 wurde dort ein Jagdhaus errichtet. Die Geschichte nahm jedoch erst Kontur an, als 1755, neun Jahre, nachdem eine Wassermühle gebaut worden war, der Berliner Lederfabrikant Peter Friedrich Damm das Land von Andreas Grüwel kaufte. Damm war ein Sattelmacher mit einflussreichen Freunden und stattete die preußische Armee exklusiv mit Uniformteilen aus Leder aus. Er lebte im heutigen Ermelerhaus in Berlin-Mitte, aber größenwahnsinnige Vorstellungen bringen Menschen dazu, verrückte Dinge zu tun – Damm wollte nämlich seine eigene königliche Residenz auf dem Lande. Und so baute er sich 1768 das Schloss Dammsmühle. Das Jahr steht immer noch über der Tür.

Königin Elisabeth Christine, die Frau von Friedrich II., kam scheinbar ein paar Mal zu Besuch. Wer könnte es ihr verden-

There is a castle to the north of Berlin overlooking a lake with a tall tower just perfect for Rapunzel to let down her hair.

Schloss Dammsmühle's tale comes with a sting, however. Let's start at the beginning, when a humble mill occupied this picturesque site in the 16th century. There was a hunting lodge built in 1650, but it wasn't until Berlin leather manufacturer Peter Friedrich Damm bought the land from Andreas Grüwel in 1755, nine years after another watermill was built, that the tale began to take shape.

Damm was a saddle-maker with friends in high places. He had the exclusive right to supply the Prussian army with leather uniform parts. He lived in what is now the Ermelerhaus in Mitte, but notions of grandeur make people do crazy things – Damm wanted his own royal residence out in the countryside. So he had Schloss Dammsmühle (Damm's Mill Castle) built in 1768. You can still see the date above the door.

Queen Elisabeth Christine, Frederick the Great's wife, stayed a few times apparently. Who could blame her? Fritz may have been great but he was a lousy husband.

ken. Fritz war bestimmt ganz großartig, aber er war ein lausiger Ehemann.

Als Damm starb, gab es keinen Erben und so verfiel sein »Schloss«, bis es sich 1894 ein Leutnant Adolf Friedrich Wollank (1866–1915) unter den Nagel riss. Die Wollanks waren eine Familie mit großen Ländereien. Adolf Friedrichs Vater und Großvater hießen ebenfalls Adolf Friedrich Wollank. Der Großvater (1805–1865) kaufte 1859 das Gut Pankow und der Vater (1833–1867) wurde Kommunalpolitiker. Nach ihm sind in Pankow eine Straße und ein S-Bahnhof benannt.

Die Wollanks erweiterten das Schloss im neobarocken Stil und baute sich auf einer künstlichen Insel im See, dem Mühlenteich, einen schicken Tanzsaal im Orientstyle mit Zwiebelkuppel und Türmchen. Hier gaben Tänzer, Gaukler und Musiker ihre Vorstellungen. Es muss ein ziemliches Spektakel gewesen sein.

Als Adolf 1915 starb, übernahm sein Bruder Otto das Schloss, das nun Dammsmühle hieß. Adolf wurde in einem Pavillon gegenüber dem Schloss beerdigt, den es aber schon lange nicht mehr gibt.

Damm died without an heir and his "castle" fell into disrepair until it was snapped up by one lieutenant Adolf Friedrich Wollank (1866–1915) in 1894. The Wollanks were a well-known landowning family. Adolf Friedrich's father and grandfather were both also called Adolf Friedrich Wollank. The grandfather (1805–1865) bought the Pankow estate in 1859, and the father (1833–1867) became a local politician after whom a street and S-Bahnhof are named in Pankow.

The Wollanks we're concerned with expanded Damm's castle in a neo-baroque style and had a fancy oriental-looking dancehall with an onion-dome and turrets on an artificial island out on the lake, the Mühlenteich. There used to be dancers, jugglers and musicians performing here. It must have been quite a spectacle.

Wollank's brother Otto took over after he died in 1915. By this stage it was known as Schloss Dammsmühle. Wollank was buried in a pavilion opposite the Schloss though that's long gone.

Hermann Zirkel, a merchant from Zehlendorf, bought the

Hermann Zirkel, ein Kaufmann aus Zehlendorf, kaufte das Gelände 1919, aber schon 1929 erwarb es der britische Geschäftsmann Harry Goodwin Hart, der von 1915 bis 1932 Direktor von Lever Brothers (später Unilever) war. Als die Nazis ein paar Jahre später an die Macht kamen, entschieden sich Hart und seine Frau, die Juden waren, zu fliehen. Sie gingen 1938 zunächst in die Schweiz. Hart wurde gezwungen, das Schloss für 445.000 Reichsmark an die Nazis zu verkaufen, aber die zahlten offenbar 70.000 Reichsmark zu wenig. Harts Anwalt forderte diese Summe nach dem Krieg ein, war damit jedoch nicht erfolgreich.

Der SS-Leiter Heinrich Himmler übernahm das Anwesen 1940 und machte es zu einem Stützpunkt und einem schicken Gästehaus. Von Januar bis Juli 1943 arbeiteten hier bis zu 25 Häftlinge aus dem nahe gelegenen KZ Sachsenhausen.

General Gotthard Heinrici, der Kommandeur der Wehrmachts-Heeresgruppe, die Berlin verteidigte, richtete gegen Ende des Krieges hier sein Hauptquartier ein. Nicht, dass es ihm irgendwie geholfen hätte, das Ende noch abzuwenden.

place in 1919, and British businessman Harry Goodwin Hart, who was a director of Lever Brothers (later Unilever) from 1915 to 1932, acquired the castle in 1929. The Nazis were on the rise at the time and got into power a few years later. Hart and his wife were Jewish, and so decided to flee, initially to Switzerland, in 1938. Hart was forced to sell the Schloss to the Nazis for 445,000 Reichsmark, though the Nazis apparently paid 70,000 too little, leading to an unsuccessful claim from Hart's lawyers after the war.

SS chief Himmler took over in 1940 and used Schloss Dammsmühle as a base and a fancy guesthouse. He had up to 25 concentration camp inmates from nearby Sachsenhausen working on the place from January to July 1943.

General Gotthard Heinrici, commander-in-chief of the last forces for Germany's final defense, had his headquarters here toward the end of the war. Not that it helped turn the tide.

The Red Army took over after the war, but didn't stay long in this case. The Soviets used it initially as a hospital and then

Nach dem Krieg kam die Rote Armee, blieb aber in diesem Fall mal nicht lange. Die Sowjets machten aus dem Gebäude zunächst ein Krankenhaus, später dann ein Casino für hochrangige Offiziere. Aber sie waren nur auf der Durchreise.

1959 übernahm die Stasi das Schloss und nutzte es als Übungs- und Erholungszentrum. Sie bespaßten hier wichtige Gäste, Parteimitglieder und Schnüffler-Kollegen. Es dürfte an diesem Ort mehr Wanzen gegeben haben als im Amazonas. Man musste aufpassen, was man sagte. Stasi-King Erich Mielke ließ im Laufe der Zeit verschiedene Arbeiten am Gebäude vornehmen und unscheinbare Nebengebäude errichten.

Mielke und seine Wanzen brauchte mit dem Fall der Mauer keiner mehr. Das Schloss diente nach der deutschen Wiedervereinigung kurzzeitig als Hotel. Ab 1991 wurde hier die ARD-Fernsehserie »Haus am See« gedreht, allerdings nur zwölf Folgen. Vermutlich zwölf Folgen zu viel. Aber das war noch nicht das Ende der Schauspielkarriere des Schlosses. Später konnte es sich mit kleinen Nebenrollen in »Babylon Berlin« oder »Polizeiruf« für das öffentlich-rechtliche Fernsehen rehabilitieren.

as a casino for high-ranking officers. They were only passing guests.

The Stasi took over in 1959 and used the Schloss as a training and recreation center. They had important guests to entertain, party members and fellow snoops. There must have been more bugs in the place than in the Amazon. You'd certainly have to watch what you said.

Stasi top dog Erich Mielke had various works on the building carried out, generally to its detriment, while other non-descript ancillary buildings were built nearby.

Mielke and his bugs were rendered obsolete with the fall of the Berlin Wall in 1989. Schloss Dammsmühle served briefly as a hotel after German reunification. An ARD television series called "Haus am See" was filmed here from 1991. There were only 12 episodes. Probably 12 too many.

It wasn't the end of the Schloss' acting career. Later it was able to redeem itself with bit part roles in "Babylon Berlin" and "Polizeiruf" for domestic TV.

Hart's heirs got the place back in 1997 but promptly sold it

Der Ort fiel 1997 zurück an Harts Erben, die das Grundstück aber prompt wieder verkauften. Während der Jahre des Leerstands verfiel es zusehends.

Von 2000 bis 2003 organisierte ein Berliner Konzertveranstalter hier Events und lockte jedes Jahr rund 30.000 Konzertgänger zum Schloss Dammsmühle, die der vermutlich ziemlich scheußlichen Musik lauschten. Es gab Pläne, das Gelände wiederzubeleben, aber nichts geschah. Eine andere Firma, MBM von Gerd Matern, übernahm. Auch er organisierte hier verschiedene Events wie einen Schloss-Biergarten-Brunch, Rockkonzerte (noch mehr scheußliche Musik) und ein Spukfest, was zum Teufel das auch sein soll.

2017 wurde das Schloss Dammsmühle an eine Investorengruppe verkauft, zu der auch der Berliner Gastronom Roland Mary, der Inhaber des schicken Fresstempels »Borchardt« an der Französischen Straße, gehört. Nun soll Schloss Dammsmühle zu einem luxuriösen Hotel mit Spa und Restaurants werden. Die Arbeiten haben bereits begonnen.

on again. It fell into disrepair during the years it was vacant. A Berlin concert promoter held events at Schloss Dammsmühle from 2000 to 2003, attracting some 30,000 concertgoers to listen to some presumably awful music each year. There were plans to revitalize the site but they didn't come to fruition.

Another company took over in 2008, MBM, run by Gerd Matern. He organized various events like a Biergarten lunch, rock concerts (more awful music) and a Spukfest, whatever the hell that is.

Schloss Dammsmühle was sold in 2017 to a group of investors including Berlin restaurateur Roland Mary, who owns the fancy Borchardt eatery on Französische Straße. Now there are plans to turn Schloss Dammsmühle into a luxury hotel with spa and restaurant facilities. The work has already begun.

Schwimmhalle Pankow

Der letzte Sprung ins Vergnügen   Last smash

Spring nicht dort rein, wo es tief ist, sonst landest du mit dem Gesicht in einem Haufen Scherben. Jemand hat im Becken den Stöpsel gezogen und seitdem kann man dort nicht mehr schwimmen. Die Quelle für dieses Bad ist endgültig versiegt.

Berlin geht unglaublich nachlässig mit seinen Schwimmbädern um. Es gibt mehr verlassene als nicht verlassene. Die Schwimmhalle Pankow ist nur eines von vielen. Es ist – wenn man nach dem Schriftzug an der Außenwand geht – nicht einmal mehr eine Schwimmhalle, sondern eine »Schwimmha le«.

Drinnen darf man immer noch nicht rauchen. Sobald man das Schwimmbad betritt, steht dort in großen, unmissverständlichen Buchstaben: »Rauchen verboten«. Es ist mir zwar ein Rätsel, wie die Deutschen es geschafft haben sollen zu rauchen, während sie schwammen, aber ich vermute, es handelt sich eben um Berliner und nicht um gewöhnliche Deutsche.

Hier ist es immer 9:22 Uhr, ganz egal, was andere Uhren sagen. Die Zeit hörte auf, als das Schwimmbecken leergelaufen war. (Auf der anderen Seite der Uhr ist es 10:18 Uhr, aber beide von ihnen haben zweimal am Tag recht.)

Don't jump in at the deep end or you'll land on your face with a mouthful of broken glass. Someone pulled the plug on this pool and it hasn't been fit for swimming since. Yep, the well's run dry for this one.

Berlin is incredibly careless with its swimming pools. More are abandoned than not. Pankow Schwimmhalle is just one of many. It's not even a Schwimmhalle anymore but a Schwimmha le, according to the sign outside.

You're still not allowed smoke inside. "Rauchen verboten" is written in big unmistakable letters as soon as you walk in. How the Germans managed to smoke when they were swimming is a mystery to me, but I guess these are Berliners and no ordinary Germans that we're talking about.

It's always 9:22 here, no matter what other clocks say. Time stopped the moment the pool ran dry. (It's 10:18 on the other side of the same clock, but both of them have to be right twice a day.)

The Schwimmhalle or "swim hall" was built in 1971 as part of Freibad Pankow, which still operates to this day. The archi-

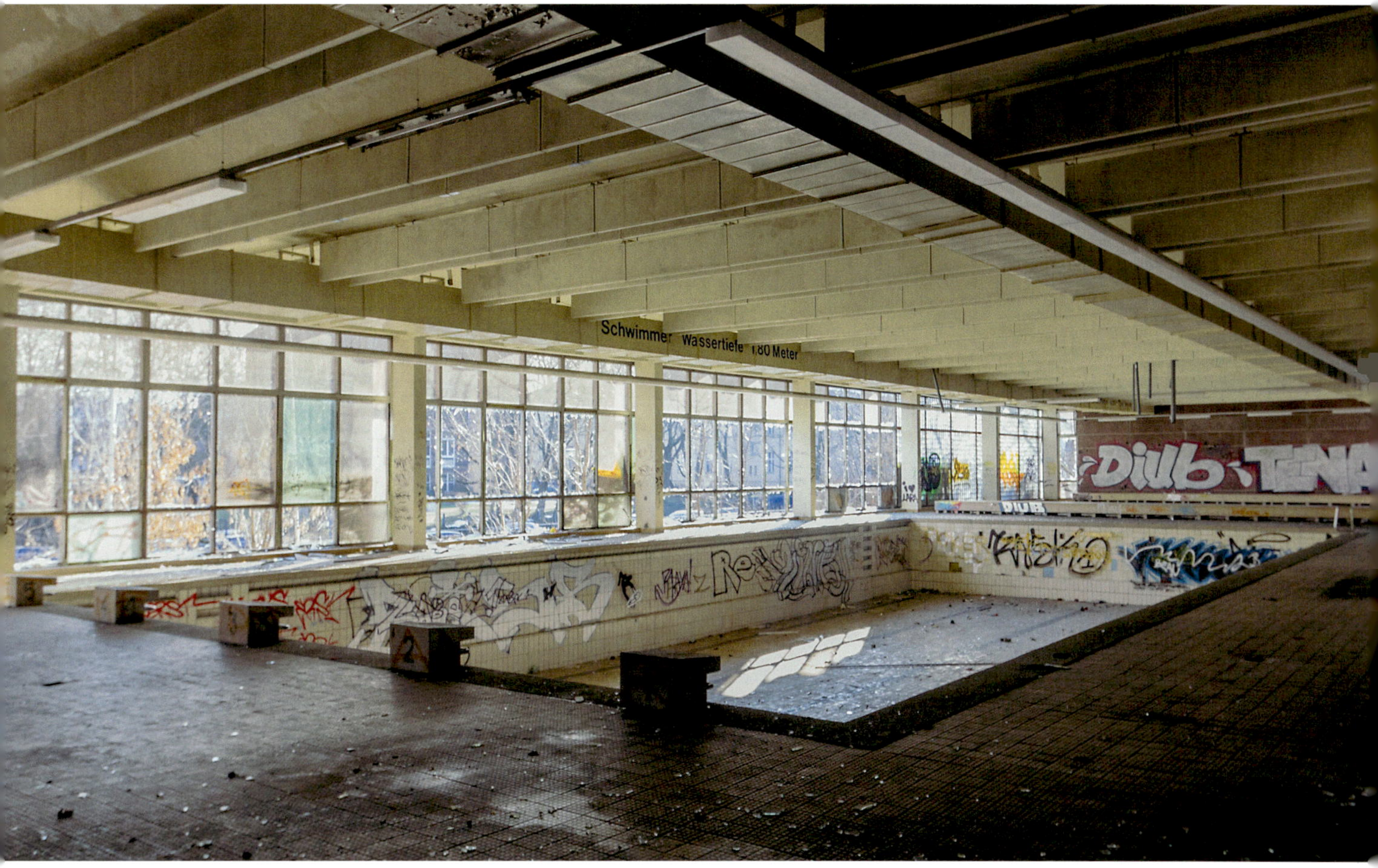
Schwimmer Wassertiefe 1.80 Meter

MÄNNER WC UND DUSCHEN

SCHWIMMHA LE

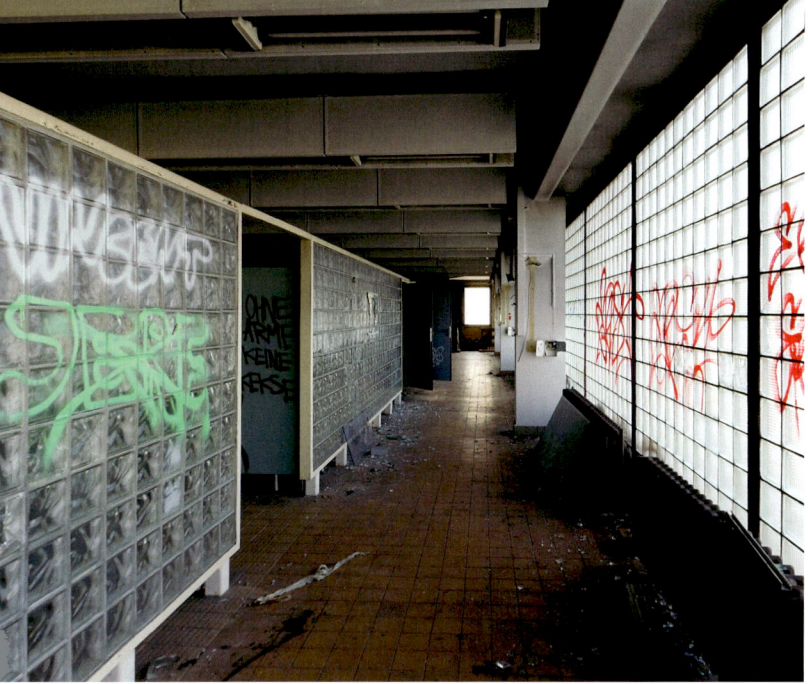

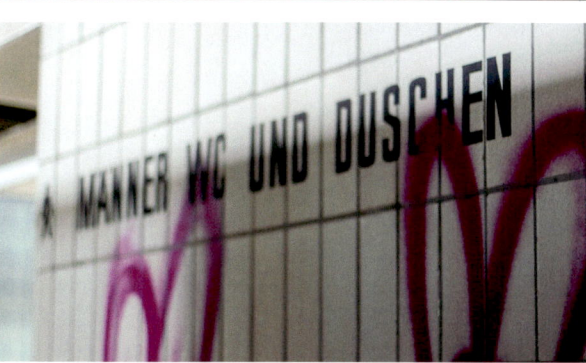

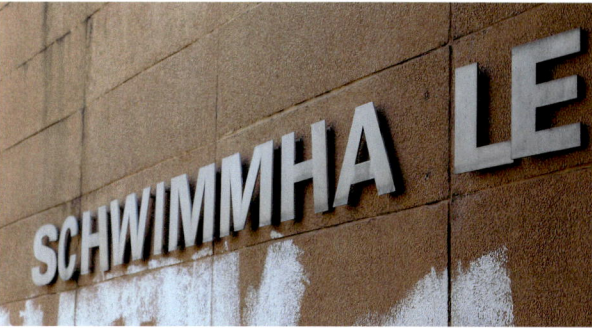

Die Schwimmhalle wurde 1971 als Teil des Sommerbads Pankow gebaut, das bis heute in Betrieb ist. Der Architekt Gunther Derdau sah in ihr den Prototypen für alle Schwimmhallen in Berlin. Es gab ein 25-Meter-Becken für die Athleten und ein weiteres, zwölf mal 8,5 Meter großes Becken, in dem man sich Zigaretten rauchend treiben lassen und die vorbeischwimmenden Talente mustern konnte. Es gab auch eine Sauna, in der es dunstig wurde, als ob es in der DDR nicht schon dunstig genug zugegangen wäre.

Wie viele andere Unterfangen in der Deutschen Demokratischen Republik fand auch dieses ein bedauerliches Ende, als plötzlich wirtschaftliche Aspekte wie Kosten und Gewinn berücksichtigt wurden. 1996 wurde die Schwimmhalle von den Berliner Bäder-Betrieben übernommen, die sie renovierten und 2001 neu eröffneten. Aber es half nichts. Das Bad wurde schon im Jahr darauf geschlossen, da die Einnahmen die Kosten nicht decken konnten.

Derzeit gibt es Pläne, die Schwimmhalle abzureißen und durch ein Multifunktionsbad mit zwei Becken – eins für die

tect, Gunther Derdau, saw it as a prototype for "swim halls" all over Berlin.

It had a 25-meter swimming pool for the athletes, and another 12 × 8.5-meter pool where people would float with their cigarettes checking out the talent passing by.

There was also a sauna where things got steamy, as if they weren't steamy enough already among the good people of the DDR.

Well, like many endeavors in the German Democratic Republic, it came to a sorry end once commercial aspects, costs and profits were taken into account. In 1996, it was taken over by the Berliner Bäder-Betriebe, who did it up and reopened it in 2001, all to no avail. It was closed the following year when income failed to meet costs.

There are plans now to knock it down and replace it with a multifunctional complex comprising two swimming pools – one for casual swimmers, the other for sporting types – as well as a sauna with sauna garden.

Hold on, I hear you say. Isn't that what they had there

normalen Schwimmer und eins für die Sportlertypen – und einer Sauna mit Saunagarten zu ersetzen.

Warte mal, hör ich dich sagen. Gab es die nicht schon in der alten Schwimmhalle? Ja, das stimmt, aber das Bezirksamt Pankow und die Berliner Bäder-Betriebe wollen auch noch eine neue Grundschule mit Turnhallen und Sportanlagen auf dem Gelände errichten, um den Schwimmbadkomplex mit Kunden zu versorgen.

Die Pläne wurden 2018 vorgestellt. Wir warten immer noch auf ihren Startsprung.

already? Well, indeed you're right, but the Pankow Bezirksamt and Berliner Bäder-Betriebe also want to construct a whole new primary school campus with sports halls and facilities on the premises, thus supplying ready-made customers for the new pool complex.

They presented their plans in 2018. We're still waiting for them to make a splash.

Sperenberg und Kummersdorf

Die Militärgeheimnisse von Kummersdorf

Kummersdorf's military secrets

Der seit Langem verlassene Flugplatz Sperenberg galt einst als idealer Standort für den Bau des BER, auch bekannt als Flughafen Berlin-Brandenburg Willy Brandt – bis entschieden wurde, Berlins funkelnden Super-Duper-Flughafen direkt neben den bereits bestehenden in Schönefeld zu setzen.

Der Flugplatz Sperenberg ist durch einen Unfall entstanden – vielleicht ist dies das Geheimnis seines Erfolges. Der amüsante und längst überfällige BER wollte zu schnell zu viel.

Wie Tempelhof und viele andere umliegende Standorte auch war der Flugplatz Sperenberg zunächst eine preußische Militäranlage in der Nähe von Kummersdorf. Der Schießplatz der Armee in Tegel war offensichtlich zu klein geworden, da über immer größere Distanzen geschossen wurde, und so wurde 1873 auf rund 800 Hektar des Kummersdorfer Waldes ein größerer Schießplatz gebaut. Bestimmt hatten sich die Nachbarn in Tegel über die Querschläger beschwert. Am 15. Oktober 1875 eröffnete eine Eisenbahnlinie von Berlin-Schöneberg nach Kummersdorf-Schießplatz. Damals wurden Sachen noch fertig! Zu Beginn fuhren täglich zwei Züge.

The long-abandoned Flugplatz Sperenberg (Sperenberg Airfield) was once considered the ideal site upon which to construct BER, aka Flughafen Berlin Brandenburg Willy Brandt, until the powers-that-be opted to build Berlin's shiny new super-duper airport beside the existing one at Schönefeld.

Sperenberg was an accidental airport – perhaps that's the secret of its success. The overdue BER wanted too much, too soon.

Like Tempelhof and many sites beside, Sperenberg Airfield began as a Prussian military facility, based in the Kummersdorf area. Apparently the army's shooting range at Tegel became too small as shooting distance increased and so around 800 hectares of Kummersdorf forest was chosen in 1873 for a bigger shooting range. The neighbors must have been giving out about the stray bullets at Tegel.

A railway line was built from Berlin-Schöneberg to Kummersdorf-Schießplatz, and it opened on Oct. 15, 1875. They could get things done in those days! There were two daily trains initially.

Die Armee begann 1877 mit dem Geballer auf ihrem neuen Schießplatz. In den folgenden Jahren entwickelte sich dieser zu einer 3.000 Hektar großen und einer der wichtigsten militärischen Versuchsanlagen des frischgebackenen Deutschlands – der Heeresversuchsanstalt Kummersdorf.

Als der Erste Weltkrieg ausbrach, war das Gelände die größte militärische Versuchsanstalt der Welt. Die Dicke Bertha, ein 1914 von Krupp gebautes Geschütz, und schwere Belagerungsgeräte wurden in Kummersdorf getestet. Eine zwölf Kilometer lange und 250 Meter breite Schusslinie bot den Soldaten reichlich Platz, um Mörser und Granaten auszuprobieren.

Der renommierte Raketeningenieur der Nazis, Wernher von Braun, der später entscheidend zum Raketen- und Raumfahrtprogramm der Amerikaner beitrug, testete in den frühen 1930er Jahren seine ersten Flüssigkeitsraketen A1 und A2 in Sperenberg, ehe er seine Versuchsanstalt nach Peenemünde an der Ostsee verlegte. Die erste Rakete flog angeblich mit Kartoffelschnaps. Was für eine Verschwendung!

The army began shooting at the new shooting range in 1877 and it quickly developed in the following years to take in 3,000 hectares, becoming the fledgling Germany's most important military testing facilities, the Heeresversuchsanstalt Kummersdorf.

By the time the First World War rolled around, it was the biggest military testing area in the world. Built by Krupp in 1914, the Dicke Bertha (Big Bertha) howitzer or heavy siege gun was tested at Kummersdorf. A 12-kilometer shooting lane 250 meters wide provided soldiers ample space for trying out mortars and grenades.

Renowned Nazi rocket scientist Wernher von Braun, who later contributed massively to the Americans' rocket and space program, tested his initial A1 and A2 liquid-fueled rockets at Sperenberg in the early 1930s before he moved operations to Peenemünde at the Baltic. The first rocket was allegedly powered by potato schnapps. What a waste!

Von Braun's work for the Nazis didn't go to waste, though. After the war, he was welcomed with open arms by the US

Von Brauns Arbeit für die Nazis dagegen war für ihn keine verschwendete Zeit. Nach Ende des Krieges empfing ihn die US-Armee mit offenen Armen und eskortierte ihn in der geheimen Operation Paperclip in die USA. Er kam zur NASA und half den Amerikanern durch die Entwicklung der Apollo-Trägerrakete Saturn V dabei, zum Mond zu fliegen.

Die Bedeutung von Kummersdorf als militärisches Testgelände wuchs zwischen den beiden Weltkriegen weiter an. Hitler besuchte das Gelände 1939, um zuzugucken, wie ein paar Raketen abgefeuert wurden. Scheinbar war er nicht sonderlich beeindruckt. Von Brauns Experimente mit Raketentriebwerken für Flugzeuge wurden von Ernst Heinkel unterstützt, der 1922 die Heinkel Flugzeugwerke gegründet hatte und die deutsche Nummer eins in Sachen Kampfflugzeuge war. Heinkel betrieb unter anderem ein Werk in Oranienburg.

Auch Panzer für Eroberungen im In- und Ausland wurden in Kummersdorf getestet. Es gab außerdem die Versuchsstelle Ost, die Versuchsstelle West, die Versuchsstelle Hegesee, wo Wasserfahrzeuge getestet wurden, und die Versuchsstelle

Army via Operation Paperclip. He graduated to NASA and helped the Americans reach the moon by developing the Apollo-carrying Saturn V rockets.

Kummersdorf's importance for testing military equipment only increased between the World Wars. Hitler visited in 1939 to see a few rockets being fired. Apparently he was unimpressed. Von Braun's experiments with liquid-fueled aircraft were supported by Ernst Heinkel, who had set up the Heinkel Flugzeugwerke in 1922 and became the go-to man for German warplanes. Heinkel had a plant at Oranienburg among others.

Tanks, both domestic and foreign captures, were also tested at Kummersdorf. There was Versuchsstelle Ost (Test Center East), Versuchsstelle West, Versuchsstelle Hegesee, where watercraft were tested, and Versuchsstelle Gottow, where Kurt Diebner worked on the Uranprojekt, Germany's attempt to create atomic weapons.

Several significant experiments took place at Gottow, to the southwest of Kummersdorf. Diebner's efforts, which lasted to the end of the war, and those of colleagues working on the

Gottow, wo Kurt Diebner an einem Uranprojekt arbeitete, mit dem Deutschland versuchte, Atomwaffen zu bauen. Die Experimente Diebners und seiner Kollegen wurden bis zum Ende des Krieges fortgeführt, waren jedoch nicht erfolgreich. Der Wirtschaftshistoriker Rainer Karlsch behauptet jedoch, dass in den Jahren 1944 und 1945 bis zu 700 Menschen bei Atomwaffentests auf Rügen und in Thüringen gestorben seien. Der »Spiegel« zweifelt an dieser Behauptung – und wenn sich jemand mit falschen Behauptungen auskennt, dann ist es der »Spiegel«. Heute ist Gottow ein idyllisches Örtchen. Es war in ein fast unwirkliches Sonnenlicht getaucht, als ich mit dem Fahrrad hindurchfuhr. Nichts erinnerte hier an Diebner oder seine schmutzigen Spielchen. Lediglich drei Osterhasen aus Holz, die sich das Was-wäre-wenn einer Atomwaffe nicht vorstellen können, schauten mich an.

Nach dem Krieg übernahm die Rote Armee das gesamte militärische Gelände um Kummersdorf und unter den wachsamen Augen der Sowjets gewann Sperenberg als Flughafen an Bedeutung. Zunächst hatten sie dem Gelände keine große

same project, did not bear fruit on time, though one economic historian, Rainer Karlsch, claimed that up to 700 people died in three nuclear weapon tests on Rügen and in Thuringia between 1944-45. Der Spiegel cast doubt on his claims, and if anyone should know about false claims, it's Der Spiegel.

Gottow today is an idyllic village. It was bathed in other-worldly sunshine when I cycled through. The road into it is aptly called "Damm" and there was nothing acknowledging Diebner nor his dabbling, just three wooden Easter rabbits incapable of contemplating the "what if" of a German atomic bomb.

The Red Army took over the whole Kummersdorf military area after the war, and it was under the Soviets' watchful eyes that Sperenberg assumed importance as an airport. They hadn't paid much attention to it at first, using it for training just about any time they were bothered, and it wasn't until 1958 that construction on the airfield began.

Apparently there was a bit of wrangling with the East Germans, whose land they were in effect occupying and con-

Beachtung geschenkt und es lediglich ab und zu zu Übungszwecken genutzt. 1958 begann dann der Ausbau des Flugplatzes. Scheinbar gab es einige Streitereien mit den Ostdeutschen, deren Land sie faktisch besetzten und kontrollierten, darüber, wer für die Anlage bezahlen sollte. Am Ende einigten sie sich darauf, die Kosten zu teilen, um zu verhindern, dass der Flughafen Schönefeld, der schon in Betrieb war, sowohl militärisch als auch zivil genutzt wurde.

Sperenberg wurde immer weiter ausgebaut, bis es schließlich zu einer eigenen sowjetischen Stadt wurde. Wo Truppen stationiert waren, folgte alsbald die Infrastruktur. Es gab Schulen, Supermärkte, ein Krankenhaus, ein Kino, eine Kegelbahn und – so nehme ich an – Bars, um die 5.000 Soldaten und Zivilisten, die zu Spitzenzeiten hier wohnten, zu versorgen.

Zu DDR-Zeiten war der Flughafen mit Fracht- und Passagiertransporten gut ausgelastet. Auch Züge fuhren von hier aus täglich nach Potsdam und Moskau.

Gewaltige Flugzeuge wie die Antonow An-124 Ruslan und die Antonow An-26 landeten hier, außerdem Hubschrauber,

trolling, over who should pay for the thing. In the end they settled the costs between them to avoid turning the already-running Schönefeld into a dual civilian-military use airport.

Sperenberg developed until it became a Soviet town in itself. Wherever the troops found themselves, infrastructure followed. There were schools, supermarkets, a hospital, cinema, bowling alley and (I assume) bars, tending a population of more than 5,000 soldiers and civilians at peak times.

The airport was consistently busy through DDR days with both cargo and passenger flights. There were also daily trains to Potsdam and Moscow.

Massive planes like the Antonov An-124 Ruslan and Antonov An-26 used to land here, along with helicopters that must have driven the neighbors mad. If it wasn't Krupps testing Dicke Bertha or Von Braun firing rockets it was the Soviets making a racket.

"We knew nuthin' about what happened here," said Kummersdorfer Werner Nietschmann. "We could only go in after the Russians left."

die die Nachbarn verrückt gemacht haben müssen. Nun, wo endlich nicht mehr Krupp die Dicke Bertha testete oder von Braun Raketen abschoss, machten die Sowjets den Krach.

»Wir wussten nix von den Sachen, die hier passiert sind«, sagte der Kummersdorfer Werner Nietschmann. »Wir konnten ja erst nach dem Abzug der Russen rein.« Sie konnten auch nichts wissen von Honeckers letzter Nacht auf deutschem Boden im Jahr 1991 in Sperenberg, bevor er nach Moskau ausgeflogen wurde. Honecker, der an Leberkrebs litt, war 1990 in Beelitz eingeliefert worden, als die Geier der Gerechtigkeit ihre Kreise zogen. Sein Land gab es nicht mehr und mit der deutschen Wiedervereinigung hatten auch die Sowjets keinen Grund mehr zu bleiben. Sie hielten sich noch ein paar Jahre, ehe sie 1994 widerwillig abzogen. Eine Antonow An-12 war das letzte Flugzeug, das von Sperenberg aus startete. Für den Flugplatz Sperenberg gibt es seitdem keine Verwendung mehr. Außer geistigen Höhenflügen passiert dort nichts mehr.

They wouldn't have known about DDR chief Erich Honecker's last night on German soil at Sperenberg before he was flown to Moscow in 1991. Honecker, who was suffering from liver cancer, was admitted to Beelitz in December 1990 as the vultures of justice were circling.

His country no longer existed, and with German reunification, the Soviets' reason for staying disappeared too. They managed to hold on a couple of years more before reluctantly leaving in 1994. An Antonov AN-12 was the last plane to leave.

Flugplatz Sperenberg has been wasted ever since. Now there are only flights of fancy.

Sporthotel und Kongresszentrum Hohenschönhausen

Die Drogen wirken nicht   The drugs don't work

»Now the drugs don't work. They just make you worse, but I know I'll see your face again«, sangen The Verve ...

Die Gesichter ostdeutscher Sportler sah man wieder und wieder und wieder. Sie waren brillant, so viel besser als all die anderen Sportler – bis auch die anfingen, Drogen zu nehmen. Die armen DDR-Athleten, die oftmals gar nicht wussten, dass sie gedopt waren, wurden als Sieger gefeiert. Nun werden sie als Betrüger geschmäht, unabhängig von ihrer Leistung, die getrübt ist durch die Schuld des ganzen Verbandes.

Heute könnte das Hotel, in dem sie untergebracht waren, Drogen gut gebrauchen. Und zwar schnell! Je mehr Drogen, umso besser. Und wenn sie nicht wirken, ist das auch egal – schlimmer kann es nicht mehr werden.

Das Sporthotel und Kongresszentrum Hohenschönhausen ist tatsächlich in einem bedauernswerten Zustand, es ist nicht mehr zu retten. Zerstört, zertrümmert, ausgebrannt, geplündert, benutzt und missbraucht. Dieser Junkie wartet auf das Ende, das Ende seines Leidens, den nächsten Schlag, Leben, Tod, es kümmert ihn nicht, es ist egal.

Now the drugs don't work. They just make you worse, but I know I'll see your face again, as The Verve used to sing...

East Germany's athletes' faces were seen again and again and again. They were brilliant, better than all the other athletes – until the others started taking drugs too. The poor DDR athletes, who oftentimes didn't even know they were doped, were feted while winners, but are now dismissed as cheaters no matter their achievements, all tarnished through guilt by association.

Now it's the hotel they stayed in that needs drugs. And quick! The more drugs the better. Doesn't matter they don't work – it can't get any worse.

The Sporthotel und Kongresszentrum des Sportforums Hohenschönhausen really is in a sorry state, beyond salvation, trashed, smashed, burnt, pillaged, used and abused.

This junkie is waiting for the end, the end to its suffering, the next hit, life, death, it doesn't care, it doesn't matter.

It used to be so different. Oh, the good times seem so long ago now! But there were good times, in another country,

Es war einmal ganz anders. Die guten Zeiten scheinen so lange her zu sein! Aber es gab gute Zeiten, in einem anderen Land, in der DDR, wo Sporthotel und Kongresszentrum Ende der 1970er Jahre gebaut wurden, um die Stars des angrenzenden Komplexes Sportforum Hohenschönhausen, dem zweitgrößten Sport- und Trainingszentrum in Berlin nach dem Olympiapark, zu versorgen.

Der Sportkomplex, der ab 1954 entstand, ist etwa 45 Hektar groß und umfasst ein Fußballstadion, Turnhallen, Eissporthallen, Innen- und Außenanlagen für Leichtathleten, Volleyball, Handball, Judo, Fechten, Bogenschießen und Beachvolleyball. Die Deutschen lieben ihren Sport – es hilft ihnen dabei, ihre aufgestaute Wut darüber abzubauen, dass ihre Verben ganz am Ende des Satzes stehen.

Dynamo Berlin nutzt die Anlage immer noch, wie zu ihrer Hochphase während der DDR-Zeit, als sie von Stasi-Chef Erich Mielke persönlich unterstützt wurden. Er ließ seine Beziehungen für den Verein spielen und der holte zwischen 1979 und 1988 zehn ostdeutsche Meistertitel in Folge.

back in the DDR, where the sport-hotel and congress center were built toward the end of the 1970s to cater for stars of the adjoining Sportforum Hohenschönhausen complex, the second biggest sports training center in Berlin after Olympiapark.

The sports complex, constructed from 1954, is around 45 hectares big, comprising a football stadium, gymnastics halls, ice-skating halls, indoor and outdoor facilities for athletics, volleyball, handball, judo, fencing, archery and beach volleyball. Germans love their sports – it helps release their pent-up rage from having verbs at the end of sentences.

Dynamo Berlin still use it, as they did during their DDR heyday supported by Stasi boss Erich Mielke. He pulled a few strings for the club as it wracked up 10 successive East German titles between 1979–88.

The sports complex was also home to the Eisbären Berlin (Berlin Polar Bears) hockey team, before they upped sticks for the new shiny fancy-pants corporate venue down beside the East Side Gallery. Not cool, Eisbären, not cool.

Der Sportkomplex war auch das Zuhause des Eishockey-clubs Eisbären Berlin, bevor sie in den glitzernden Schickeria-Firmensitz unten an der East Side Gallery umzogen. Nicht cool, Eisbären, nicht cool.

Aber es gibt noch immer genug Teams und Menschen, die den Komplex nutzen. Rund 3.000 Sportler sind es jeden Tag. Auch Deutschlands größtes Olympia-Trainingszentrum befindet sich hier. Sportler wie der Meister im Diskuswer-fen, Robert Harting, oder die Eisschnellläuferinnen Claudia Pechstein und Jenny Wolf trainierten hier – obwohl nun kei-ner mehr in die Nähe des bedauernswerten alten Sporthotels und Kongresszentrums kommen will, das ausrangiert und vergessen dahinvegetiert. Nur Ratten, Tauben und Zombies nutzen es noch. Es ist die preisgünstigere Alternative zu den komfortableren und zentraler gelegenen Plätzen in Mitte. Zerbrochenes Glas, zerschmettertes Metall, zerfetzte Gardi-nen – seine Glanzzeit ist schon lange vorüber.

Pechstein aß immer im Restaurant des Kongresszentrums, so wie auch die Schwimmerin Franziska van Almsick, der

But there are still enough teams and people making use of the complex, around 3,000 athletes every day. Germany's biggest Olympic training center is here too.

Athletes like discus champion Robert Harting and speed-skaters Claudia Pechstein and Jenny Wolf trained here – though none of them will go within an ass's roar of the sorry old sport-hotel and congress center, discarded and forgotten to the side. Only rats, pigeons and zombies use it now, find-ing it a cheaper alternative to more comfortable and centrally located options in Mitte. Broken glass, shattered metal, shred-ded curtains – the shine is long gone from its achievements.

Pechstein used to eat in the congress center's restaurant, as did swimmer Franziska van Almsick and handball player Ste-fan Kretzschmar among others. "You could see them every day. They were known then, too," Eisbär Sven Felski told the Berliner Kurier. "It's a scandal what's happened there." You certainly couldn't eat any of the food you'd find there now. The pungent scent of pee wafts blissfully through the air. No need for urine tests, there's plenty of it around.

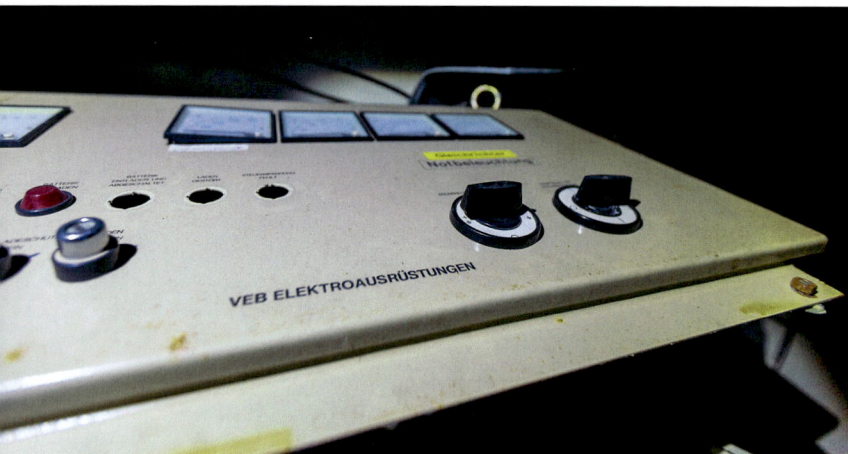

Handballer Stefan Kretzschmar und viele andere. »Man hat sie jeden Tag gesehen, man kannte sich dann auch«, sagte Eisbär Sven Felski dem »Berliner Kurier«. »Es ist eine Schande, was da passiert.«

Das Essen, das man heute dort findet, kann man ganz bestimmt nicht mehr zu sich nehmen. Der stechende Gestank von Pisse wabert durch die Luft. Urintests sind nicht notwendig, davon gibt es hier genug.

Die ehemalige DDR-Eishockeylegende Hartmut Nickel erzählte dem »Berliner Kurier«, dass in der guten alten Zeit die Spieler dort übernachteten, wenn sie Länderspiele hatten. Das Hotel sei bescheiden eingerichtet gewesen, habe aber alles geboten, was man brauchte. »Das sagt ja schon der Name: Sporthotel! Der Sportler braucht keinen Schnickschnack, er soll gute Leistungen bringen«, sagte Nickel. »Ich verstehe nicht, dass das den Bach runtergeht.«

Ich bin nicht ganz sicher, seit wann es verlassen ist, aber 2007/08, als Sat.1 hier eine Serie mit dem Namen »GSG 9 – Ihr Einsatz ist ihr Leben« drehte, war es schon in einem schlechten

Former DDR ice hockey Legende Hartmut Nickel told Berliner Kurier that the players would stay there for international games back in the good old days. The hotel was modestly furnished but it had all they needed. "The name says it all: Sporthotel! The sportsman doesn't need Schnickschnack (bells and whistles) – he has to deliver good performances," Nickel said. "I don't understand how it can go down the drain."

I'm not sure when it was abandoned exactly but it was already in a bad way in 2007-08, when Sat 1 shot some series called "GSG 9 – Ihr Einsatz ist ihr Leben" here. I'm sure it was as bad as its name suggests.

There were plans to knock the Sporthotel down and replace it with a spectacular skyscraper complex made of glass and steel called "The Square 3" – not "Der Platz 3" because it isn't cool to have German names in Germany anymore. Englisch ist viel cooler. In any case, construction of the three towers that were to cost of €450 million (in 2013) never got off the ground due to bureaucratic hurdles. The plans have been scrapped for more modest proposals instead. Dit is Berlin.

Zustand. Ganz sicher aber bin ich, dass die Serie so schlecht ist, wie ihr Name vermuten lässt.

Es gab Pläne, das Sporthotel abzureißen und durch einen spektakulären Wolkenkratzer aus Glas und Stahl zu ersetzen, der »The Square 3« heißen sollte – nicht »Der Platz 3«, denn deutsche Namen sind in Deutschland nicht mehr cool. Englisch ist viel cooler.

Der Bau der drei Türme jedenfalls, der 450 Millionen (2013) kosten sollte, kam wegen bürokratischer Hürden niemals in Gang. Die Pläne wurden zugunsten von bescheideneren Vorschlägen verworfen. Dit is Berlin.

Trabiwerkstatt

Fossil-betankte Fossilien

Fossil-fueled fossils

Nach dem Mauerfall wurden Trabis zu Tausenden ausrangiert, verunglimpft, herabgewürdigt, erniedrigt und verachtet. Sie wurden gegen schicke West-Autos mit exotischen Namen wie »Volkswagen« ausgetauscht. Die guten Zeiten waren vergessen, die qualmenden Ausflüge mit dem Trabi zur Ostsee, FKK-Strände, FKK-Wälder, FKK-Reisen in die Tschechische Republik oder sogar nach Ungarn, FKK-Besuche bei den Schwiegereltern in Karl-Marx-Stadt, die endlosen Tage, die endlosen Straßen, die endlose Nacktheit. All das endete mit dem Fall der Mauer und die Ostdeutschen zogen ihre Klamotten für bayerische Autos wieder an.

Einige Trabis überlebten den großen Trabi-Verrat, aber es sind bedauerlich wenige. Ich kenne keine Zahlen, wie viele tatsächlich einfach weggeworfen wurden.

Ein armer Trabiprototyp liegt verborgen unter den Ablagerungen der Zeit in einer vergessenen Werkstatt, wo ihm kein Mensch mehr Aufmerksamkeit schenkt. Nur Mäuse und vielleicht der kauzige, umherstreifende Fuchs klettern manchmal darin herum. Eulen rufen ihn nachts, aber er antwortet nicht.

Trabis were discarded in their thousands after Mauerfall, denigrated, belittled, humiliated and scorned, as they were abandoned for fancy western motors with exotic names like Volkswagen.

All the good times were forgotten, the smoke-filled Trabi trips to Ostsee, FKK nudist beaches, nudist forests, the nudist voyages to the Czech Republic or even Hungary, FKK visits to the in-laws in Karl-Marx-Stadt, the endless days, the endless roads, the endless nudity. Well, it all ended when the Berlin Wall came down. East Germans put their clothes back on for Bavarian cars.

Some Trabis survived the great Trabi Treason but their numbers are lamentably low. I don't have figures for exactly how many were simply thrown away.

One poor Trabi prototype lies covered in the residue of time in a forgotten garage no longer tended by humans. Only mice and perhaps the odd passing fox bother checking in on it now. Owls hoot at it at night but there's no response. It's a pre-1959 AWZ P70 Zwickau or Sachsenring P70, the forerunner

Es ist ein vor 1959 gebauter AWZ P 70 Zwickau oder Sachsenring P 70, das Vorgängermodell des Trabanten P 50. Wenn man dicht genug herangeht, kann man hören, wie er leise leidet.

Eine dicke Staubschicht bedeckt das Dach und die Motorhaube und versucht, den Trabi vor der Außenwelt zu schützen. Aber noch immer sehnt er sich danach, frei zu sein und wie früher über die Straßen zu brausen, bereit für neue Abenteuer. Alle Trabis und ihresgleichen träumen von neuen Abenteuern. Zumindest ist er nicht alleine. Einige andere Fahrzeuge leisten ihm Gesellschaft, mehrere Moskwitsch-412 oder spätere Modelle – sämtlich in einem beklagenswerten Zustand, noch schlimmer als der arme P 70. Sie alle stehen in einer Werkstatt, die selbst repariert werden muss.

Hier und in dem benachbarten Gebäude war jedenfalls seit Jahren kein Mechaniker mehr, vermutlich seit dem Mauerfall, als der Eigentümer seinen Lieblings-Trabi auf der Suche nach gelberen Bananen mit in den Westen genommen hat. Vielleicht hat er ihn auch einfach gegen eine Banane eingetauscht,

to the Trabant P50, and its silent suffering can be heard if you listen closely enough.

A thick layer of dust covers its roof and bonnet, tries to shield it from the outside world, but still it yearns to be free, roaming the roads as it did before, setting off on great new adventures. Every Trabi and their ilk dreams of new adventures.

At least it's not alone. It has several other vehicles for company, Moskvitch 412s or later models, all in a sorry state, worse even than the poor P70. They're all in a garage that needs fixing.

However, no mechanics have been here or in the adjoining house for years, possibly since Mauerfall, when the owner might have taken his lieblings Trabi over to the West in search of yellower bananas, maybe even swapping it for a banana when he got there – these were crazy times, people did crazy things.

The fossil-fueled fossils are still dealing with the consequences three decades later, the ones that were left behind.

als er ankam – es war eine verrückte Zeit und die Menschen taten verrückte Dinge.

Drei Jahrzehnte später haben die zurückgelassenen, fossil-betankten Fossilien immer noch mit den Folgen zu kämpfen. Wer weiß, was in dieser vergessenen Garage in Französisch-Buchholz passiert ist? Die Autos waren zu gebeutelt, um ihre Schicksale zu erzählen, und ich habe die wahre Geschichte nicht herausfinden können. Aber eine Sache ist sicher – hier hat eine wirkliche Trabi-Tragödie (eine Trabödie) stattge-funden.

Who knows what happened in this forgotten garage in Französisch Buchholz? The cars were too shaken to tell their tales and I was unable to find the true story. One thing's for sure – a real Trabi tragedy (a Trabedy) has taken place.

VEB Kraftfuttermischwerk Fürstenberg

Gedanken-Futter

Fodder for thought

Es leidet – in der Stille an den Ufern der Havel, Träume und Erinnerungen fließen wie die Vergangenheit in den Röblinsee. Das Kraftfuttermischwerk produzierte Futter für Tiere, nun ist es nur noch Futter für die Gedanken.

Liebe geht durch den Magen und für eine Weile wurde der VEB Kraftfuttermischwerk Fürstenberg von allen geliebt, die seine Erzeugnisse verschlangen. Aber Truthähne, Hühner, Schweine und Kühe sind launische Futter-Futterer. Kein Schlingen, keine Party – und die Futterfabrik gerät in Vergessenheit.

Nach dem Mauerfall war das Werk ein gefundenes Fressen, wie vieles andere im Land. 120 Menschen arbeiteten im Werk, das seit 1957 betrieben wurde, als es 1992 trotz großer Investitionen, die es auf den neuesten Stand bringen sollten, geschlossen wurde.

Das Kraftfuttermischwerk war nicht das einzige Opfer der Wiedervereinigung. Der ortsansässige Werner Strache schrieb über die Veränderungen in Fürstenberg zu jener Zeit: »Die Wirtschaft brach zusammen, die Betriebe machten zu.«

It suffers in silence on the banks of the Havel, dreams and memories flowing like the past into Röblinsee. The Kraftfuttermischwerk made food for animals, now it's just food for thought.

The way to anyone's heart is through their stomach and for a time VEB Kraftfuttermischwerk Fürstenberg was loved by all who gobbled up its produce. But turkeys, chickens, pigs and cows are fickle fodder futterers. No gobble, no party – fodder factory forgotten.

Mauerfall made a pig's dinner of it, as indeed it did of many things. There were 120 workers here when it closed in 1992 despite big investment to bring it up to standard. It had been in operation since 1957.

The Futtermischwerk wasn't the only casualty of reunification. Local man Werner Strache wrote about the changes in Fürstenberg at the time, saying, "the economy collapsed, businesses closed down."

The biggest employer in the town, the Fürstenberg section of VEB Schiffselektronik Rostock, was closed down, while the

Der größte Arbeitgeber der Stadt, der Betriebsteil Fürstenberg des VEB Schiffselektronik Rostock, wurde stillgelegt, während das Kraftfuttermischwerk »seine Arbeit einstellen musste«. Auch zwei Bekleidungswerke, die hauptsächlich Frauen beschäftigten, machten dicht. »Nie gekannte oder gefürchtete Arbeitslosigkeit setzte ein«, schrieb Strache. »Jetzt wissen wir, was es heißt, arbeitslos zu sein und nicht mehr gebraucht zu werden.«

Die Anlage war nicht immer ein Kraftfuttermischwerk gewesen, oh nein! Das Gelände war früher als Behrnsche Mühle bekannt und ist Teil der langen Mühlentradition in Fürstenberg an der Havel. Diese geht zurück bis ins 14. Jahrhundert. Auf dem Gelände, das später das Kraftfuttermischwerk werden sollte, errichtete Johann Christian Negendanck im Jahr 1720 erstmals ein Gebäude. Die Mühle hatte natürlich wechselnde Betreiber, bevor Ludwig Behrns sie 1876 übernahm. Behrns Einstieg kam zum richtigen Zeitpunkt, denn im folgenden Jahr wurde Fürstenberg an das Eisenbahnnetz angeschlossen, was der Entwicklung der Mühle einen großen Schub verlieh.

Kraftfuttermischwerk "had to stop its work," Strache said. Two clothing factories that mostly employed women were also wound down.

"Unemployment that was never before experienced or feared took hold," Strache wrote. "Now we know what it is to be unemployed and no longer needed."

It wasn't always a Futtermischwerk, oh no! It used to be known as Behrnsche Mühle (Behrns' Mill), upholding a long tradition of milling in Fürstenberg on the Havel. The tradition was grounded in the 14th century.

The first to build a mill on the site of what would later become the Futtermischwerk was Johann Christian Negendanck in 1720. The mill went through various owners, of course, before Ludwig Behrns took it over in 1876.

Behrns had good timing. The railway reached Fürstenberg the following year and had a huge impact. Suddenly people could get trains. From a miller's point of view, it meant a greater supply of grain, and more options to distribute the milled product.

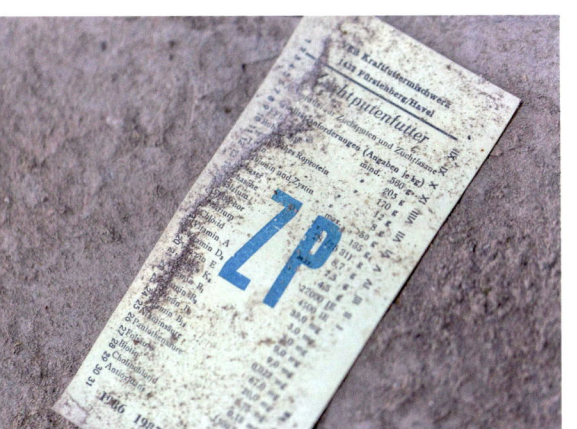

Plötzlich konnten die Leute einen Zug nehmen. Der Müller konnte nun eine größere Menge an Getreide anliefern lassen und gleichzeitig eröffneten sich ihm mehr Möglichkeiten, das gemahlene Produkt zu vertreiben.

Pferdefuhrwerke holten und brachten das Getreide von und zum Zug – Behrns konnte sein Geschäft ausbauen und das Gelände vergrößern. 1894 hatte die Mühle etwa zwölf Mitarbeiter. Ludwig Behrns starb 1904 und sein Sohn Willy übernahm die Mühle. Dieser renovierte den Betrieb 1910, aber bei einem großen Feuer am 6. Oktober 1911 brannte das gesamte Gelände nieder.

Mehr als 100 Bauarbeiter waren an dem Bau einer neuen Mühle – die Gebäude, die man heute noch sieht – beteiligt, die 1912 innerhalb von sechs Monaten errichtet wurde. Kurz darauf produzierte die Mühle 400 Sack Weizen und 200 Sack Roggen am Tag. Die Produktion steigerte sich schnell und offensichtlich »wurden keine Kosten gescheut, um den Betrieb in allen Bereichen technisch auf dem neuesten Stand zu halten«, hieß es in einer Broschüre zum 50-jährigen Bestehen der

Horse and cart took the grain to and from the trains, and Behrns grew the business by expanding the site. The mill had around 12 workers in 1894. Ludwig Behrns died in 1904. Willy Behrns, his son, took over. Willy oversaw a renovation of the business in 1910, but a large fire on Oct. 6, 1911 arguably had a greater impact, burning the whole place down. More than 100 construction workers helped build a new mill – the buildings you can see today – within six months in 1912. Very soon it was producing 400 sacks of wheat and 200 sacks of rye every day. This increased rapidly over time.

"No expense was spared to keep the business up to date technically in all areas", according to a booklet marking 50 years of the Firma L. Behrns in 1926. A new flour and bran granary with access to rail and water had been added the year before when 10 rail carriages could be loaded with grain at the same time. Steamboats and tubs were loaded waterside.

The booklet, titled "1876 Behrns 1926", said the mill stood "as an exemplary company whose good foundations ensure it will also maintain its level in future."

Firma L. Behrns im Jahr 1926. 1925 wurde ein neuer Mehl- und Kleiespeicher gebaut, der Zugang zum Schienennetz und Anschluss an die Wasserversorgung besaß. Es konnten nun zehn Eisenbahnwaggons gleichzeitig mit Getreide befüllt werden. Dampfschiffe und Kähne wurden am Wasser beladen.

Der Broschüre mit dem Titel »1876 Behrns 1926« zufolge galt sie als »eine vorbildliche Firma, deren stabiles Fundament dafür sorgt, dass sie auch in Zukunft ihren Standard hält«.

Die Mühle war zu dieser Zeit eine der größten Norddeutschlands (und auch Norddeutschland war zu jener Zeit um einiges größer) und produzierte täglich 800 Sack Weizen und 400 Sack Roggen.

Willy Behrns starb 1942. Zwei Jahre vor seinem Tod hatte er einen Brief an die Rostocker Universitätsbibliothek mit »Heil Hitler!« unterschrieben. Nun könnte man sagen, dass zu dieser Zeit alle ihre Briefe so beendeten, es hieß so viel wie »Liebe Grüße«. Auch andere Briefe der Firma L. Behrns wurden von jemandem, der nur seine Initiale, R., angab, mit »Heil Hitler!« unterzeichnet.

The mill was one of north Germany's biggest, (and north Germany was much bigger at the time, too), daily producing 800 sacks of wheat and 400 sacks of rye.

Willy Behrns died in 1942. Two years before he died he signed off a letter to the Rostock University library with "Heil Hitler!"

Now maybe people will say that everyone signed off every letter that way at the time – that it was the equivalent of Liebe Grüße. Other letters from Firma L. Behrns in 1938 were also signed off "Heil Hitler!" by someone who only signed their initial, R.

After defeating the Nazis in the war, the Red Army used his mill as a camp for a while, before it became a VEB (volkseigener Betrieb) and milled grain again, this time for the DDR.

The DDR was still finding its feet as a communist state eight years after its formation when the grain-mill became a fodder factory. No doubt Kraftfuttermischwerk Fürstenberg produced fine feed but it's all snow from yesterday, as Germans like to say, and in a sorry state now.

Nachdem sie die Nazis im Krieg besiegt hatte, nutzte die Rote Armee die Mühle eine Zeit lang als Lager, bevor sie zu einem Volkseigenen Betrieb (VEB) wurde und wieder Getreide mahlte, dieses Mal für die DDR.

Als die Mühle acht Jahre später zu einer Futter-Fabrik wurde, war die DDR noch immer dabei, als kommunistischer Staat Fuß zu fassen. Das Kraftfuttermischwerk aber produzierte ohne Zweifel gutes Futter. Doch das ist inzwischen alles Schnee von gestern – und das Gelände in einem bedauernswerten Zustand.

Leer, verwahrlost, von der Welt abgeschnitten, sehnt sich die Mühle danach, zu ihrer Bestimmung zurückzukehren. Nicht mal die Gänse, die im Winter in den Süden fliegen, rasten hier. Warum sollten sie auch? In diesen riesigen, gähnend leeren Hallen gibt es nichts mehr zu futtern.

Empty, desolate, dislocated from society, it longs to be taken back into its fold. Not even the geese flying south for winter bother checking in. Why would they? There's nothing to eat in these giant cavernous halls any more.

Wohnheime für Asylbewerber

Der Empfang vergessener Flüchtlinge   The forgotten refugees' welcome

Versteckt hinter hohen Bäumen liegen in einem verwahrlosten Berliner Bezirk Flüchtlingsheime, die von Deutschland vergessen wurden. Die Anwohner tun so, als gäbe es sie nicht, Vorbeigehende schauen auf die andere Seite, Straßenbahnen fahren so schnell wie möglich vorbei und selbst die Vögel und Eichhörnchen gehen dort nicht hin.

Es gibt Hunderte Wohnungen in neun gewaltigen Blöcken. Mit ihren sechs Stockwerken greifen sie nach dem Himmel, erreichen aber nichts, keinen Ausweg. Die leeren Räume ohne Fenster sind für keinen Menschen mehr ein Zuhause, verlassene Flure bringen niemanden mehr hierher.

Als die Flüchtlings-»Krise« 2015/16 ihren Höhepunkt erreichte, kamen viele Menschen nach Berlin – auf der Flucht vor Krieg und Grausamkeit – und warteten schier endlos, ehe sie an die Reihe kamen. Viele von ihnen wurden an Orte wie Chemnitz oder Heidenau verfrachtet, wo sie ein Nazi-Willkommens-Komitee erwartete.

Währenddessen standen die Wohnheime für Asylbewerber in Hohenschönhausen leer – und das schon seit 2002.

Hidden behind tall trees in a neglected part of Berlin are the refugee homes Germany has forgotten about. Locals pretend they don't exist, passers-by look the other way, trams scoot past as quickly as possible, and even birds and squirrels stay away.

There are hundreds of them in nine massive blocks six stories high, reaching for the sky but getting nowhere, no escape. Empty rooms devoid of windows are home to nobody, with hollow corridors bringing no one there.

These buildings were standing vacant in this part of Hohenschönhausen during the height of the refugee "crisis" in 2015 and 2016, when refugees arriving in Berlin from war and atrocity were being forced to wait without end for numbers to be called. Many were then shunted out to places like Chemnitz and Heidenau to be greeted by Nazi-welcome committees.

Hohenschönhausen's "Wohnheime für Asylbewerber" have been abandoned since 2002. They were snapped up by a developer who did next to nothing with them for years before they were peddled off to other developers. The buildings are

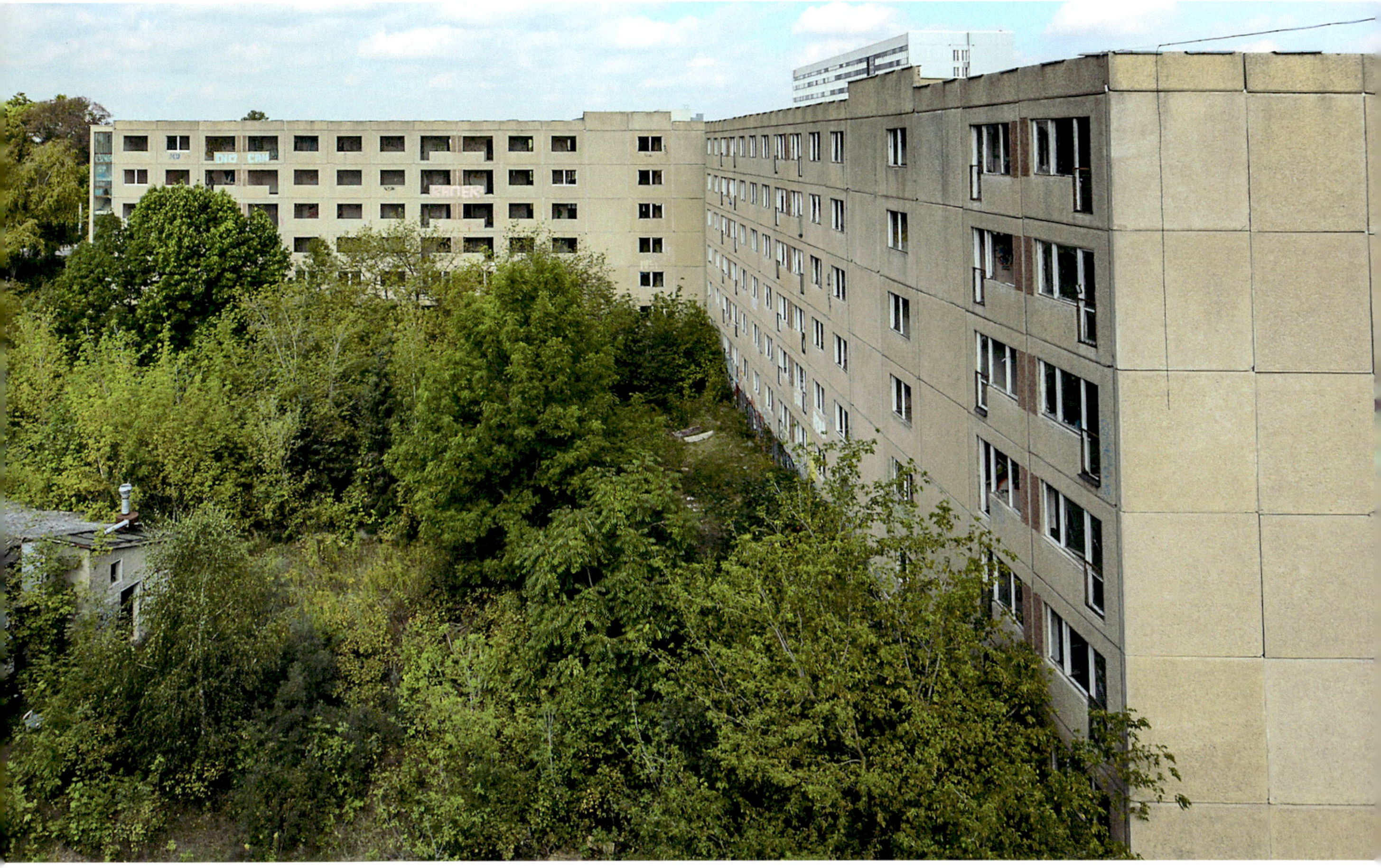

MODERNISIERUNG VON 88
RAHMEN DES
ODERNISIERUNGSPROGRAMMS
REDITANSTALT FÜR WIEDERAUFBAU (KFW)
VERMIETUNG AR WO GE
AR WO GE
SCHULZE-BOYSEN-STR. 35
1130 BERLIN
TEL. 9/ 550 94 01

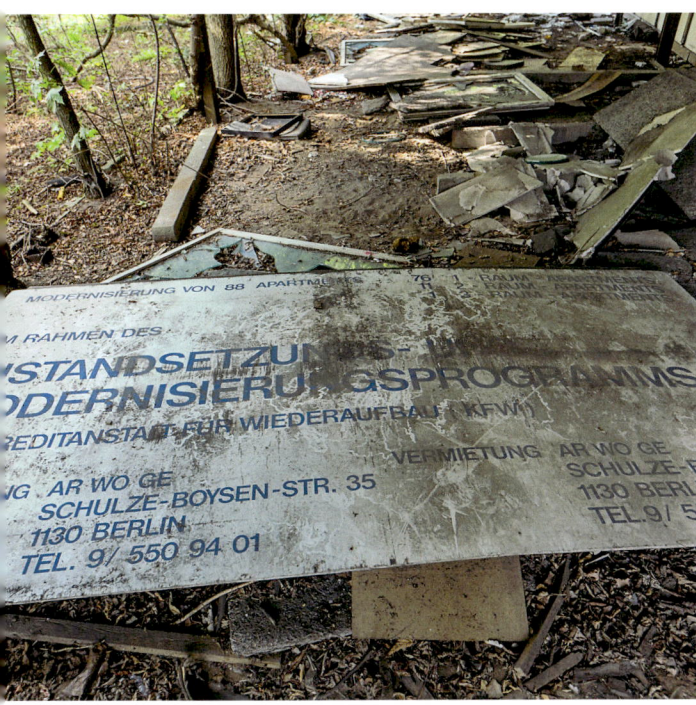

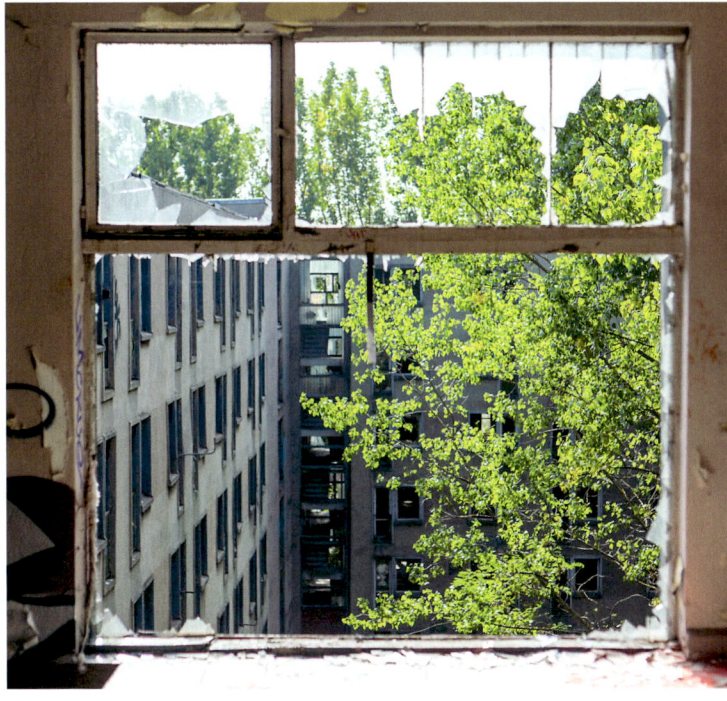

Ein Bauunternehmer hatte sich die Gebäude unter den Nagel gerissen, doch er tat so gut wie nichts mit ihnen und verscherbelte sie schließlich weiter.

Die Gebäude sind zertrümmert, zerstört, zerschmettert und misshandelt worden. Überall fliegt Müll herum, er hängt in den Zweigen, weil er aus den oberen fensterlosen Räumen geworfen wurde. Der Gestank ist beißend. Im Inneren ist der Geruch nach Pisse unerträglich.

Einige der Glücklosen der Stadt nutzen die Gebäude als Unterschlupf, obwohl sie kaum etwas zu bieten haben. Die ohnehin zerschlagenen Scheiben wurden entfernt und nun gibt es dort noch weniger, was den Wind in den kalten Nächten abhalten könnte.

Unheimlich, anders lässt sich dieser Ort nicht beschreiben. Während ich im Obergeschoss durch einen Flur ging, stolperte ich unter einer Dachluke über eine Tür, bespritzt mit einem Streifen aus geronnenem Blut. Vielleicht war es auch Erdbeermarmelade. Ich öffnete die Tür eines Raumes und sie knallte gegen ein Bettgestell mit einer Bettdecke. Ich machte mich

thrashed, smashed, bashed and abused. Rubbish is littered all around, caught on trees' branches after being discarded out of windowless rooms above. The smell is pungent. Inside, the smell is piss, the stench overpowering.

Some of the city's unfortunates use the buildings for a bit of shelter. Not that there's much. The already smashed windows were removed, so there's even less there now to stop the wind rushing through on cold nights.

It's creepy, there's no other way to describe it. Roaming down a corridor, I stumbled upon a blood-splattered door with a long streak of congealed blood underneath a skylight on the top floor. Perhaps it was strawberry jam.

I opened a door to one room and banged it against a bedframe with a duvet. I didn't wait to see if the occupant was in, but left straight away with a feeling of shame. I'm lucky to have a roof over my head, windows that keep heat in.

The homes were built in the early 1980s to house construction workers, mostly from Vietnam and Cuba, invited to build the GDR. Someone had to do it. These were among the "tem-

beschämt wieder davon, ohne zu schauen, ob der Bewohner zuhause war. Ich bin glücklich, ein Dach über dem Kopf zu haben, und Fenster, die die Wärme drinnen halten.

Die Gebäude wurden Anfang der 1980er Jahre gebaut, um Bauarbeiter vor allem aus Vietnam und Kuba unterzubringen, die eingeladen worden waren, die DDR aufzubauen. Irgendjemand musste es ja tun. Sie zählten zu jenen Gastarbeitern, die im Osten wie Westen Deutschlands herangeholt wurden in der Annahme, sie gingen nach getaner Arbeit wieder nach Hause. Was keiner bedachte, war, dass sich die Arbeiter, nachdem ihre Arbeit erledigt war, nun hier zu Hause fühlten.

Ich gehe davon aus, die DDR musste nicht weiter aufgebaut werden, nachdem sie aufgehört hatte zu existieren. Die Bauarbeiterunterkünfte wurden Anfang der 1990er Jahre zu Asylbewerberheimen unter anderem für jene, die vor den Balkankriegen flüchteten. Aber hier lebten auch Menschen anderer Nationalitäten. Ein Artikel in der »Berliner Zeitung« von 1998 berichtet von einem Vietnamesen, dem mehrmals in Brust und Rücken gestochen worden war. Die Polizei ging

porary workers" that both Germanys brought in under the assumption they would simply head home again once the job was done, not realizing that the workers would feel at home by the time the job was done.

I guess there was no need to build the GDR once the country ceased to exist. The workers' homes became refugee homes in the early 1990s, catering for those fleeing the Balkan conflicts among others.

There were other nationalities too. A report in the Berliner Zeitung from 1998 told of a Vietnamese man who was stabbed several times in the chest and back. The Polizei assumed it had been a row among cigarette dealers. Several homeless have died here in recent years. It's not a happy place.

Developers have been aiming to convert the homes into fancy apartments for occupants who'd have a bit more money than people escaping war and poverty. There was talk of 600 to 650 Wohnungen when Lakis GmbH owned the buildings. But bureaucratic hindrances from Bezirksamt Lichtenberg halted that project.

von einem Streit zwischen Zigarettendealern aus. In den vergangenen Jahren kamen hier mehrere Obdachlose ums Leben. Es ist kein fröhlicher Ort.

Die Bauunternehmer haben vor, die Wohnungen zu trendigen Appartements für Leute zu machen, die ein bisschen mehr Geld haben als jene, die vor Krieg und Not fliehen. Als die Lakis GmbH die Gebäude erwarb, war von 600 bis 650 Wohnungen die Rede. Aber bürokratische Hürden des Bezirksamts Lichtenberg verzögerten das Projekt. Die Gebäude gingen durch die Hände vieler Bauunternehmer, die alle dasselbe wollten – nur die Zahl der Wohnungen erhöhte sich mit der Zeit. Die jüngsten Eigentümer, die städtische Wohnungsbaugesellschaft Howoge und das private Wohnungsunternehmen Belle Epoque, planen mehr als 2.000 Wohnungen, daneben eine Schule, eine Kita und Spielflächen. Wer weiß, ob all das jemals kommt. Im Moment steht dort nichts als die massiven Hüllen der ehemaligen Flüchtlingsheime. Sie stehen still, nichts rührt sich – aufgrund bürokratischer und anderer unvorhersehbarer Hürden. Genau so, wie Flüchtlinge empfangen werden.

The buildings changed hands several times between various developers that want the same thing, with the number of apartments increasing all the time. The latest owners, municipal housing company Howoge and private developer Belle Epoque, plan on building over 2,000, along with a school, Kita and playing pitches. Who knows if they'll ever be built.

For now there's nothing but the great hulking shells of the old refugee homes, still standing silently, their progress halted by bureaucracy and other unforeseen hindrances. It's a refugee's welcome.

192

Dank

Danke an meinen Kumpel Fionn, der mich oft bei meinen Ausflügen begleitet dabei trotz oder vielleicht gerade wegen seiner jungen Jahre Nerven aus Stahl beweist. Danke auch an Cecília für ihre wertvolle Unterstützung während des Endspurts zur Fertigstellung dieses Buch.

Ein großes Dankeschön noch einmal an Mark Rodden für seine kontinuierliche Unterstützung, an Frank Rebenstock, Paul Sullivan von Slow Travel Berlin, Rudi Marnitz, Ksenya Kumm, Fotostraße, Canal Alemanizando und Pablo Arboleda. Dieses Projekt gibt es nun seit mehr als zehn Jahren. Mein Dank gilt allen Lesern, die mittlerweile Freunde sind, für ihre Tipps, Geschichten und Anregungen über all die Jahre. Ihr seid die treibende Kraft dahinter. Vielen Dank.

Über den Autor

Ciarán Fahey arbeitet für eine internationale Nachrichtenagentur, die ihn dafür bezahlt, dass er sich Fußballspiele anschaut. Seit er vor über einem Jahrzehnt von Irland nach Berlin zog, verbringt er seine Freizeit damit, seine Nase dorthinein zu stecken, wo die meisten gesetzestreuen Deutschen vorbeilaufen würden, und sich von dem Reichtum der Ruinen und verlassenen Orte in und um Berlin faszinieren zu lassen. Seine Berichte und Fotos veröffentlicht er im Internet unter www. abandonedberlin.com. Die britische Zeitung »The Guardian« kürte die Seite zu einem der besten City-Blogs der Welt – dem einzigen in Deutschland. Außerdem ist er auf Twitter unter @IrishBerliner und @AbandonedBerlin zu finden.

Sein Sinn für schwarzen Humor, der sich zweifellos auch in dieses Buch eingeschlichen hat, stammt wie er aus Irland, eine Insel am Rande des Atlantiks, die von heulenden Winden und Dauerregen gebeutelt ist.

Thanks

Thanks to my sidekick Fionn for his company on many an excursion, showing nerves of steel despite, or perhaps because of, his young years. Thanks also to Cecília for her valued assistance during the final sprint of getting this book together.

A huge thanks once again to Mark Rodden for his continued support and assistance, to Frank Rebenstock, Paul Sullivan of Slow Travel Berlin, Rudi Marnitz, Ksenya Kumm, Fotostraße, Canal Alemanizando and Pablo Arboleda. This project has been going for more than ten years now. Thanks must go to all the readers now friends who provided tips, stories and encouragement over the years. You remain the driving force. Thank you.

About the Author

Ciarán Fahey works for an international news agency that pays him to go and watch football games. Since moving to Berlin from Ireland over a decade ago he has spent his spare time poking his nose into places most law-abiding Germans wouldn't, and become fascinated by the wealth of ruins and abandoned places in and around the German capital.

He publishes his reports and photographs on the website www.abandonedberlin.com. It has been praised by the British newspaper The Guardian as one of the "best city blogs around the world" – the only one in Germany. You can find him on Twitter at @IrishBerliner and @AbandonedBerlin.

His dark humor, which has undoubtedly made its way into this book, is like him forged by Ireland, an island on the edge of the Atlantic battered by howling winds and persistent rain.